기출
변형
가족

결연후원으로 만난 두 남자의
대환장 가족 체험기

기출
변형
가족

이회 지음

기출 변형 가족

초판 1쇄 인쇄 2024년 11월 22일
초판 1쇄 발행 2024년 11월 29일

지은이   이회
기획편집   이도영
디자인   육일구디자인

펴낸이   이도영
펴낸곳   이르비치
등록   2022년 1월 5일(제2022-000006호)
주소   경기도 파주시 회동길 145 아시아출판문화정보센터 전시정보동 202호
전화   010-5904-1674
팩스   031-8056-9393
이메일   shinepub@naver.com
인스타그램   irvich_pub

인쇄·제본   예림인쇄
종이   올댓페이퍼

ISBN 979-11-982538-4-2 03330
      979-11-982538-5-9 05330 전자책

이 이야기는 결연후원으로 만난 두 남자의

시리고 뜨거웠던 8년간의 기록이다.

본문에 등장하는 아이들 이름은 모두 가명이며,
인물을 특정할 수 있는 일부 내용은 각색하였다.

사랑하는 나의 아들이자 조카이자 동거인이었던

진원에게 이 책을 바친다.

1. 아이들

2. 민낯

1. 아이들

장발장

카키색 수의를 입고 덥수룩한 행색으로 법정에 서 있는 이 청년. 처음 그가 법정에 들어올 때 꼽추가 아닌지 의심했다. 너무 왜소해서 볼품없다고 느껴질 만큼 마른 몸과 잔뜩 굽은 어깨, 공허한 눈빛. 청년은 20대라는 나이가 믿기지 않을 만큼 빛바랜 모습으로 웅크리고 있었다.

웅크린 자세 때문에 꼽추로 보였을 뿐 자세히 보니 육안으로도 기록상으로도 문제는 없었다. 정신병을 앓은 적도 없다. 이 청년은 무슨 죄를 지어서 법정에 선 것일까. 기록을 들여다본다. 절도죄. 아직 이십 대 중반인데 전과가 상당하다. 건강해 보

이지는 않아도 팔다리 멀쩡한 친구가 왜 벌써 나쁜 분야 하나
에 집중하고 있는 걸까? 조금 더 기록으로 들어가 본다. 가족이
없다. 어릴 때부터 보육원에서 자라며 학대당했다고 되어 있
다. 그리고 시설에서 탈출했다.

   평범한 가정에서 평범하게 자란 내가 '보육원'이나 그 안에서
일어났던 '학대'를 가늠할 리 없다. 그저 나의 학창 시절을 떠올
리며 '청년이 당한 학대도 나의 것과 비슷했을까?' 상상할 뿐.
   지금이야 세상이 좋아져서 학교나 어린이집, 보육시설에도
아이들의 학대를 막는 감시시스템이 작동하지만, 내가 학교에
다니던 1990년대만 해도 비인격적인 모욕과 비상식적인 체벌
이 난무했다. 일부 교사들은 에너지와 반항기가 짐승처럼 넘쳐
나는 청소년들을 정말로 '짐승 다루듯' 했다. 사면이 매끄럽게
깎인 방망이에 '정신봉'이라는 글씨까지 새겨서(그런 글씨는
도대체 어디서 새겨주는 건지 지금도 궁금하다) 어깨에 걸치
고 다니며 학생들을 두들겨 패는 '교육'을 실천했으니까. 그때
의 교육효과는 학교를 졸업한 지 20년이 더 지난 지금도 또렷
이 남아있다. 일상에서 '학대'라는 단어를 접할 때마다 파블로
프의 개처럼 그 시절의 정신봉이 자동반사적으로 떠오르니까.

다시 청년의 서류를 들여다본다. 학대를 못 견뎌 시설에서 탈출한 중학생이 무엇을 할 수 있었을까? 미성년자다. 보호자도 없다. 학위도 없다. 특별한 지식이나 기술? 있는 게 이상하다. 몸집도 왜소해서 힘쓰는 일도 할 수 없었을 거다. 그가 생존을 위해 할 수 있는 거라곤 먹을 것을 찾아 돌아다니는 일. 식당에 가서 음식을 구걸할 배짱도 용기도 없다. 며칠을 굶주린 그의 눈에 들어온 게 편의점. 그는 편의점에 들어가 삼각김밥과 빵을 집어 든다. 하지만 돈이 없다. 주인 눈치를 살피다가 그냥 빠져나온다. 배우지 않았어도 달리기는 할 줄 안다. 죽어라 달린다. 주인이나 아르바이트생에게 들키지 않는다면 운수 좋은 날. 설령 들켰다 해도 경찰이 CCTV를 뒤져 집요하게 추적하지 않는다면 쉽게 잡히지 않을 것이다. 미성년자라 지문 등록도 안 돼 있으니까. 그렇게 며칠은 운이 좋았을 거다. 하지만 그 생활도 오래가지 못한다. 거리를 배회하다 붙잡힌 소년은 소년재판을 받는다. 운이 좋으면 보육원으로 나쁘면 소년원으로 갔을 것이다. 하지만 보육원의 학대를 견디지 못하고 재탈출. 방황과 절도, 체포와 재판이 반복된다.

보호와 교화의 대상으로 관리되던 소년범은 시간이 흘러 처벌의 대상인 성인범이 된다. 가족도 돈도 학위도 지식도 기술도 갖지 못한 그에게 한 가지 늘어난 것이 있다. 바로 수회의 절도 전과. 이제 막 성인이 되어 자력으로 먹고살 수 있게 됐지만 그 누구도 '소년범'이었던 남자를 달가워하지 않는다. 정신상태가 나약하다며 손가락질할 뿐.

굶주린 청년은 또다시 거리를 배회한다. 그리고 오늘 다시 법정에 섰다. 잔뜩 웅크린 그에게 판사가 선고한다.

"피고인에게 이미 수차례 동종 전과가 있고 피해자들의 피해를 회복하지 못한 점의 양형에 불리한 사유가 있으나, 피고인이 불우한 환경에서 자라왔고 깊이 뉘우치고 반성하고 있는 점을 감안하여 형을 선고합니다. 피고인을 징역 1년에 처한다."

재판이 끝나고 법정을 나서는데 판사 역시 개운한 표정은 아니었다. 묻고 싶은 게 많아도 이럴 땐 잠시 접어두는 게 상책이다. 점심을 먹고 오후 재판을 위해 법정으로 가던 중 판사와 마주쳤다. 식사는 하셨어요, 따위의 의미 없는 대화를 하다가 접어뒀던 질문을 슬쩍 꺼냈다.

"오전에 그 청년이요, 전과가 있긴 해도 실형을 선고하는 건 형량이 센 거 아닐까요? 언론이나 사람들도 재벌 회장은 집행유예로 풀려나고 사정이 딱한 사람은 징역살이하는 걸 비교하며 유전무죄 무전유죄라고 법원을 비난하기도 하고요."

판사가 대답했다.

"이런 판결을 할 때가 제일 안타까워요. 안타깝긴 한데, 발견돼서 기소된 게 만 원 남짓일 뿐이고 발견되지 않아서 처벌받지 않은 건은 더 많겠죠. 또 피고인은 지금 당장 일자리를 찾을 능력도 갈 곳도 없어요. 날도 추운데 길에서 노숙하다가 또 도둑질할 거예요. 그 피해는 자영업자들이 고스란히 떠안을 텐데, 차라리 피고인을 교정시설로 보내는 게 나아요. 자영업자들도 피해를 안 보고 피고인도 당장 먹고 자는 걱정은 안 해도 되니까."

판사는 오히려 수백억씩 횡령한 재벌 총수는 최소한 자기 사재를 털어서라도 횡령 자금을 되돌려 놓을 테니 피해는 회복되지 않느냐는 얘기도 했다. 판사의 논리도 설득력 있었다. 피해 본 쪽에서는 상대를 강하게 처벌하는 것보다 내 피해가 복구되는 게 더 중요할 테니까.

빅토르 위고의 소설 《레 미제라블》에서 장발장은 굶주린 조카들을 위해 빵을 훔친 죄로 징역 5년을 선고받고, 조카가 걱정되어 탈옥을 시도하다가 죄가 추가되어 19년의 형기를 산다. 출소 후에도 전과기록 때문에 아무것도 할 수가 없어서 세상을 저주한다. 모두가 외면하는 그를 미리엘 주교가 받아주었는데 장발장은 배은망덕하게 은식기를 훔쳐 달아나다가 붙잡혀 주교

앞에 끌려온다. 주교는 은촛대는 마저 주며 그를 풀어주고, 장발장은 미리엘 주교의 은혜에 감화되어 새 사람으로 거듭난다.

　나는 판사가 아니어서 미리엘 주교처럼 그를 선처할 지위도 없고, 부자가 아니어서 은촛대도 줄 수 없다. 그것은 내 역할이 아니다. 법원에서 일하다 보면 죄인이 갱생하는 경우보다 나쁜 짓을 반복하는 것을 훨씬 많이 보게 된다. 법원 직원들은 미리엘 주교의 자비로움보다 자베르 경감의 냉혹함과 더 친해지기도 한다.

　현재 이 청년을 사회가 구원할 방법은 마땅치 않다. 징역 1년의 실형이 당장 그에게는 의식주를 해결할 수 있는 최선의 방법일지도 모른다. 하지만 이런 일이 지속되어선 안 된다는 생각이 강하게 들었다. 이렇게 불행한 사이클로 평생을 살아가는 장발장이 계속 증가하는 걸 사회가 막아야 하는 게 아닌가. 한 번 범죄자가 평생 범죄자로 낙인찍히는 세상이라면 범죄자가 되기 전에 뭔가 조치해야 하는 게 아닐까? 갱생에 앞서서 장발장에 이르지 않도록 예방할 방법은 없을까? 그들이 법을 준수하고 세상에 분노하지 않도록 제도로서의 사회나 시민으로서 개인이 그들의 은촛대가 되어줄 수 없을까? 생각이 꼬리를 물었다.

짧은 머리 소녀들

한 초등학교 교사가 올린 브이로그를 보다가 격세지감을 느꼈다. 요즘엔 교실 청소나 학급 환경미화 같은 잡일(?)도 모두 담임선생님이 하더라. 아마도 아이들이 귀해져서일 거다. 강산이 세 번 변하는 동안 참 많은 것들이 달라졌다.

내가 초등학교에 다닐 때만 해도 아이들이 넘쳐났다. 50여 명이 한 반에서 수업을 들었는데도 교실 수가 부족해 오전반 오후반으로 나눠 등교했다. 심지어 창고로 쓰던 지하실을 개조해 교실로 사용하기도 했다. 국가는 출산율을 낮추려고 낙태를 종용하기도 했으며 불임시술 지원사업까지 벌였다. 그러니까,

요즘엔 낙태를 하면 대역죄인이 되는 세상이지만 과거엔 아이를 많이 낳는 게 죄인인 분위기였다.

아이들이 흔하다 보니 어딜 가나 흔한 대접을 받았다. 집에서야 어땠을지 몰라도 적어도 학교에서 아이들은 귀한 존재가 아니었다. 몽둥이가 약이었고 통제가 일상이었으며 '촌지'라는 히든카드를 쓰면 그나마 사람대접을 받을 수 있었다. 소수의 아이들을 제외하고는 학교생활에서 노동은 필수였다. 나는 특히나 오후반을 싫어했는데 그 이유가 대청소 때문이었다.

내가 다니던 초등학교는 일정 주기마다 학생들이 대청소를 했다. 교실 바닥 쓸기, 닦기, 주전자에 물 받아오기, 창문 청소 등 각자 맡은 역할이 있었다. 이 역할은 담임이 정해줬다. 매일 아침 담임에게 의문의 보온병을 갖다 바치던 민기는 청소 시간이 되면 커다란 깡통에 담긴 왁스를 주걱으로 떠서 교실 바닥에 묻히는 일을 도맡았다. 노동 강도 최하 수준의 '꿀보직'이었고, 주걱으로 왁스 뜨는 게 재미있어서 아이들이 선망하던 일자리(?)였다. 하지만 무슨 이유인지 담임은 매번 민기에게만 왁스 배분을 맡겼다. 민기가 마룻바닥에 왁스를 묻혀 놓으면 내 짝꿍이었던 하나와 몇몇 아이들이 무릎 꿇고 앉아 마른걸레로 바닥을 닦았다. 마른걸레에 왁스를 묻혀서 박박 문지르면 마룻바닥이 반들반들해졌다.

나중에 알게 된 사실인데, 민기가 매일 아침 담임에게 갖다 바쳤던 건 커피였다. 좀 더 정확히는 민기 엄마가 커피를 보온병에 담아 민기 손에 들려 보냈던 것. 지금이야 흔해빠진 게 커피믹스지만 그 당시엔 집에 손님이 왔을 때만 꺼내놓던 귀한 차였던 걸로 기억한다. 아무튼 민기는 얼마간 담임의 커피 셔틀(?)을 하다가 전학 갔다.

내가 맡은 노동은 창틀 닦기였다. 저학년은 팔다리가 짧아서 추락 위험 때문에 칠판지우개 털기와 창문 닦기 노동에서 제외됐고, 비교적 키가 큰 5~6학년이 대신해 주는 식이었다. 키가 작은 나는 창틀을 닦고 5학년이었던 미소 형이 우리 반 창문을 닦아줬다. 미소 형은 말수는 적었지만 잘 웃고 상냥해서 내가 유독 따랐는데, 이름을 정확히 몰라서 여기서는 미소 형(미소년처럼 예쁘장하게 생겼었다)이라고 해두자.

내 짝은 하나라는 여자아이였다. 학기 초에 전학 왔던 것으로 기억하고 선생님이 이름을 말해줬을 때 반 아이들이 동시에 '하나 둘 셋 넷'이라고 놀렸기에 이름을 기억한다. 나는 처음에 그 애가 여자인 줄 몰랐다. 일단 머리가 짧았고 몸집보다 훨씬 큰 점퍼를 입고 있었다. 표정도 뚱해서 첫인상이 별로였는데 설상가상 내 짝이 되자 더 싫었다. 무슨 운명의 장난인지 하나와 나는 초등학교 2학년, 3학년을 한 반에서 보냈고 그중 절반가량을 짝꿍으로 지냈다. 그쯤 되면 친해질 법도 했는데 우린 전혀 가까워지지 못했다. 가까워지기는커녕 짝꿍을 바꿔 달라고 담임선생님께 여러 번 민원(?)을 넣었지만 받아들여지지 않았다. 우리는 책상 한가운데에 금을 그어놓고 서로의 영역을 침범하지 않는 방식으로 평화를 유지했다. 대놓고 싸우지만 않았을 뿐 나는 하나를 꾸준히 싫어했는데 지금 생각해 봐도 그 이유를 모르겠다. 나는 왜 그 아이를 그토록 싫어했을까?

책상의 금이 희미해지면 나는 심혈을 기울여서 다시 선을 그었다. 선 긋기는 나의 중요한 일과 중 하나였다. 그러던 어느 날 웬 종이 한 장이 불쑥 선을 넘어왔다.

반으로 접힌 색종이를 펴보니 '초대장'이라는 글씨 아래 생일파티에 날 초대한다는 내용이 적혀있었다. 당시엔 친구들을 불러 생일파티 '씩'이나 하는 일이 드물었다. 소위 '있는 집 자식'들만 친한 친구 서너 명을 초대해 생일파티를 했다. 파티에 초대된 아이들은 초대받았다는 자체로 우쭐댈 수 있었다. 아이들이 흔했던 시절의 생일파티란 그런 거였다.

초대장을 받고 고민에 빠졌다. 갈지 말지를 고민한 게 아니라 어떻게 해야 자연스럽게 묻어갈 수 있을지 궁리했다. 불과 아침까지만 해도 원수 보듯 하며 책상에 금을 긋다가 초대장

하나 받았다고 갑자기 친한 척하는 것도 이상하지 않은가. 우물쭈물하는 내게 하나는 올 수 있냐고 물었고, 나는 말없이 고개를 끄덕였다.

　하나네 집은 무척 컸다. 작은 초등학교처럼 생긴 건물이었는데 대문짝이라고 불러야 알맞을 것 같은 입구와 아담한 운동장까지 있었다. 그런 집은 태어나서 처음 보는 거라 신기했다. 하나는 우리를 집안으로 들이지 않고 생일파티가 열리는 장소로 곧바로 데려갔다. 파티는 무려 지하 식당에서 했는데 사람도 많고 음식도 많았다. 나는 음식이 놓인 탁자를 재빨리 스캔했다. 과일과 떡, 과자 등이 보였고 케이크까지 있었다. 문제는 모인 사람 수에 비해 케이크가 턱없이 작아서 케이크를 못 먹고 돌아갈까 봐 조바심이 났다.

　생일파티는 성대했다. 내 생일 땐 끽해야 가족들이 모여 짜장면이나 통닭을 먹는 정도인데, 그렇게 성대한 생일파티를 본 것은 처음이었다. 의아했던 건 생일 축하를 받는 사람이 하나 말고도 여러 명이었다는 것. 아이들이 일렬횡대로 서 있으면 한 명씩 이름을 부르고 선물 주고 박수 치고, 이름 부르고 선물 주고 박수 치기를 사람 수만큼 반복한 뒤에 음식을 먹을 수 있었다.

하나는 소극적인 편이어서 같은 반에도 친한 친구가 없었다(지금 생각해 보니 오죽했으면 나를 초대했을까 싶다). 생일파티에 초대받은 사람은 나와 우리 뒷자리에 앉았던 친구 둘을 포함해 총 세 명이었다. 그런데 파티 장소엔 다른 반 아이들도 있었고 심지어 4~5학년 형, 누나들도 있었다. 그들을 하나가 초대한 것 같지는 않았다. 파티하는 동안 하나는 그들과 별다른 대화를 나누지 않았으니까.

또 그들은 하나와 똑같은 헤어스타일을 하고 있었다. 일명 '상고머리'라고 부르던 숏컷이었는데, 이게 왜 이상해 보였냐면 그 당시 남자는 짧은 머리 여자는 긴 머리, 남자는 파란색 여자는 분홍색 따위로 성별을 구별하는 고정관념이 심했다. 그 틀에서 벗어나면 놀림감이 되는 건 시간문제였다. 실제로 하나가 전학 왔을 때 몇몇 짓궂은 아이들은 하나를 둘러싸고 '넌 여자야? 남자야?' 묻기도 했다. 가수 이상은의 등장으로 여자도 짧은 머리를 하는 경우가 있었지만, 유행을 좇는 사람과 그렇지 않은 사람의 분위기는 아무래도 달랐다. 하나의 생일파티 때 본 아이들은 후자에 가까웠다.

생일파티를 주최한 사람도 하나의 부모님처럼 보이지 않았다. 하나가 생일 선물을 받고 꾸벅 인사하는 모습이 낯설게 느껴졌다. 자식이 부모에게 하는 인사치고는 너무 경직돼 보였다고 할까. 하나뿐만 아니라 일렬횡대로 서 있다가 선물을 받았던 모든 아이가 그랬다. 나는 그때 나만 모르는 생일파티 문화가 새로 생긴 것이라고 확신했다. 이를테면, 아이들이 다니는 교회나 학원 같은 곳에서 장소를 빌려 생일인 아이들을 한꺼번에 축하해주는 거라고 생각했다. 그래서 별생각 없이 물어봤던 것 같다. '너네 엄마 아빠는 어디 계시냐?'고.

우물우물 떡을 먹던 하나가 내 말에 갑자기 울었다. 그러면서 아빠가 돈 많이 벌어서 꼭 데리러 온다고 했다며 알 수 없는 대답을 했다. 그 말의 의미를 단번에 알아챌 만한 눈치가 없던 때여서 어리둥절했다. 하나가 서글프게 우니 주위 시선이 집중되는 건 당연했다. 나는 안절부절못하며 그들의 눈치를 살폈다. 그들은 모두 짧은 머리를 한 채 물끄러미 나를 바라보고 있었다.

파티 분위기를 망친 나는 얼마간 뻘쭘하게 앉아 있다가 식당을 빠져나왔다. 케이크도 못 먹었지만 아쉬워할 겨를도 없었다. 어쨌든 짝꿍을 울린 죄를 지었으니 내일 하루는 책상에 금을 긋지 말아야겠다고 생각했다. 울적한 마음으로 운동장을 가로지르는데 미소 형이 보였다. 생글생글 웃으며 아이들과 놀아주고 있었는데 무릎에 검정 고무줄을 걸고 있었다. 미소 형보다 서너 살 어려 보이는 아이들은 형이 잡고 있는 고무줄을 넘나들며 뛰어놀았다. 의외의 장소에서 형을 만나니 너무 반가워서 손을 번쩍 들며 "형"하고 외쳤다. 놀이에 집중한 탓인지, 내 목소리가 작았는지 미소 형은 대답하지 않았다. 나는 형에게 좀 더 가까이 다가가다가 걸음을 멈추고 말았다. 저 멀리서 한 여자아이가 형을 부르고 있었다.

"선주 언니! ○○○ 선생님이 오래."

그 말을 들은 미소 형은 "나?"라고 대답하며 여자아이가 있는 쪽으로 달려갔다.

아뿔싸, 나는 도대체 무슨 오해를 했던 건가. 그는 형이 아니었다. 그 역시 짧은 머리 소녀였다.

식당에서 날 바라보던 짧은 머리 소녀들의 표정은 꽤 오랫동안 머릿속에 잔상으로 남았다. 내가 성인이 되고 보육원을 운영하는 '장인'*에게 이 얘기를 한 적이 있었는데, 과거엔 관리의 편의를 위해 남녀 가리지 않고 머리를 짧게 잘라놓는 보육원이 있었다고 한다. 한마디로 어른들 편하자고 아이들의 취향이나 감수성 같은 건 고려하지 않았던 것. 어쩌면 그 당시 보육

●   독일에서 성악 마이스터 과정을 마친 그를 나는 '장인'Meister이라고 불렀다.

원에서 지내던 소녀들은 강제로 취향 내지 여성성(?)을 제거 당했고, 그렇게 대규모로 양산됐던 짧은 머리는 특히 소녀들에 겐 폭력성의 상징이 아니었을까, 생각하게 된다.

"후원(기부)을 시작하게 된 계기가 뭔가요?"

나는 이 질문을 참 많이 받았다. 뭐라고 대답해야 할까. 나는 왜 기부나 후원에 관심 갖게 됐을까. 곰곰히 생각해 봐도 이렇다 할 계기는 없었다. 미역국과 역사책과 다큐멘터리영화를 좋아하는 것처럼 기부나 후원도 취향의 일부이자 관심사일 뿐이다. 하지만 질문을 받을 때마다, 대답을 찾을 때마다 하나의 생일파티 장면이 파노라마처럼 스쳐 갔다. 내 짝꿍 하나와 미소형(사실은 누나)과 짧은 머리 소녀들…. 정확한 이유를 설명할 수는 없지만 그들이 내가 값진 것보다 가치 있는 것을 찾게 만드는 데 영향을 준 건 사실인 듯하다.

상우

    소파에 앉아 텔레비전을 켰다. 며칠째 창녕 아동학대 사건으로 전국이 떠들썩하다. 저놈의 아동학대는 날이 갈수록 진화한다. 며칠 전엔 아이를 여행 가방에 가둔 사건이 보도되더니 이번엔 아이를 쫄쫄 굶기고 프라이팬에 손을 지졌다. 개 목줄을 채우고 욕조에 물을 받아 물고문까지 했단다. 하루걸러 터지는 게 아동학대다 보니 이게 그 사건인지 그게 이 사건인지 헷갈릴 지경이다. 그나마 보도라도 되면 다행, 이 순간에도 사각지대에서 학대당하는 아이들은 오죽 많을까. 상상만 해도 끔찍하다.

    창녕 아동학대 사건에서 유심히 봤던 부분은 가해자인 친모였다. 그 역시 부모의 보살핌을 받지 못하고 친척 집을 전전하다가 어린 나이에 임신, 출산한 경우였다. 학대당한 아이가 아기를 낳아 제 아이를 학대한 사례다. 이걸 뭐라고 해야 할까. 콩 심은 데 콩 났다고 해야 하나. 구조된 아이는 어떤 어른으로 자랄까. 팥이 되면 좋으련만 콩이 될 가능성이 크다. 일반화하고 싶지 않지만 이게 현실이다.

기억 속에 묻혀있던 상우가 소환됐다.

상우는 내가 대학교 1학년 때 처음 알바하면서 알게 된 동생이었다. 당시 오픈 공사가 한창이었던 패스트푸드점 면접을 보고, 공사가 끝난 후 첫 출근을 했는데 아르바이트생 스물한 명중 남자는 나 혼자였다. '공대 아름이'로 거듭날 뻔했던 일생일대의 기회였지만 당시의 나는 너무 숫기 없어서 한동안 존재감 없이 출퇴근만 했다. 얼마 후 남자 셋이 신입 알바로 들어왔는데 그중 한 명이 상우였다. 녀석은 소위 말하는 '노는 아이'로 나와는 결이 다른 인간이었지만 동성이라는 이유 하나로 금방 친해졌다.

상우는 체구가 작았다. 그런데 깡다구 하나만큼은 내가 살면서 봐 온 사람 중 최고였다. 저러다 사고 한번 제대로 치는 게 아닐까 걱정한 적도 여러 번이었다. 거친 면이 있는 녀석이었지만 의외로 내 말을 고분고분 잘 듣고 잘 따라서 알바를 관둔 후에도 가깝게 지냈다.

그러던 어느 날 밤, 상우에게 전화가 와서는 앞뒤 설명 없이 하루만 재워달라고 했다. 늦은 시간이었고 부모님 허락을 구해야했고 무엇보다 당시 내 방은 아주 작았다. 혼자 쓰기에도 좁아터진 방에 누굴 재우겠는가. 그렇다고 단칼에 거절할 수도 없어서 일단 만나서 무슨 일인지나 들어보고 적당히 돌려보낼 계획이었다.

약속 장소에 나가보니 상우가 한쪽 다리를 질질 끌며 걸어오고 있었다. 왜 그러냐고 물었더니 아버지가 무려 '제정신'으로 집어던진 변압기에 맞았단다(작고 가벼운 어댑터를 떠올리면 안 된다. 일명 '도란스'라고 부르던 신발 상자 크기의 쇳덩어리다). 더 있다가는 뭐가 또 날아올지 몰라서 도망쳤다고 했다. 녀석을 집에 돌려보낼 생각으로 나왔는데 집에서 도망쳤다니 방법이 없었다. 부모님께 사정을 설명하고 내 방에서 이틀을 함께 지냈다. 그날 처음으로 상우의 가정사를 알게 됐다.

상우는 친부와 계모, 친할머니, 이복동생과 함께 살고 있었다. 문제는 계모가 대놓고 상우를 구박했던 것. 한술 더 떠서 상우의 친부도 계모 편을 들며 상우를 학대했다. 꽤 오랫동안 미움 받으며 살면서도 미성년자였던 상우가 할 수 있는 건 없었다. 그날도 상우 본인은 물론 할머니마저 사람 취급 못 받는 모습에 대들었다가 아버지가 던진 변압기에 맞은 것이었다. 그 다음 날 병원에 간 상우는 발목에 금이 갔다는 진단을 받고 깁스를 했다. 맨몸으로 집을 나온 상태였기에 치료비는 우리 어머니가 내주었다. 깁스한 녀석을 부축해서 우리 집으로 오는데 상우가 내게 말했다.

"형, 나는 무슨 짓을 해서든 꼭 성공할 거예요."

새파란 청춘이 성공하겠다는데 응원해 줘야 마땅했지만 나는 왠지 모를 불안함을 느꼈다. 이 녀석이 올바른 방법으로 성공할 수 있을지 의문이었다.

상우는 우리 집에서 이틀을 보내고 다른 친구 집으로 갔다. 친구들 집을 하루씩 전전하다가 갈 곳이 마땅치 않자 다시 내게 연락해서는 하루만 더 재워달라고 했다. 부모님께 한 번 더 사정을 설명하고 내 방에서 상우를 재웠다. 그리고 그다음 날, 내 책상 서랍에 넣어둔 돈 중 일부가 없어졌다.

그 서랍으로 말할 것 같으면 10년 이상 사용한 나의 지갑이 자 잠금장치가 없어도 안전한 금고였다. 그동안 단 한 번도 서랍에 넣어둔 돈이 비거나 사라진 적은 없었다(물론 불어난 적도 없었다). 공교롭게도 상우가 온 뒤에 벌어진 일이었는데, 무척 고민스러웠지만 묻지 않을 수 없었다. 상우는 순순히 자기가 '빌려 갔다'고 말했다. 난 빌려준 적이 없는 돈을 무슨 수로 빌렸냐고 했더니 급히 쓸 데가 있어서 일단 가지고 나왔다며 나중에 말하려고 했단다. 소액이었지만 금액을 떠나서 기분이 언짢았다. 언짢다기보다는 '싸하다'는 표현이 좀 더 적합했다. 그 통화를 끝으로 상우는 더 이상 우리 집에 오지 않았다.

풍파가 있었지만 녀석은 고등학교를 무사히 졸업했고, 운까지 따라줘서 수원에 있는 대기업 생산직 사원으로 취직했다. 나는 상우가 좋은 직장에 취직도 하고 지옥 같은 집에서 벗어난 것을 축하했다. 상우는 연고가 없는 곳으로 가야 했는데, 부모에게는 기댈 수도 없고 모아둔 돈도 없다며 한 달 치 월세를 빌려달라고 했다. 나는 당시 최저시급을 기준으로 대략 50시간 정도 아르바이트해야 벌 수 있는 금액을 상우에게 빌려줬다. 상우는 빨리, 꼭 갚겠다는 말을 남기고 수원으로 간 뒤 연락이 없었다. 그 후로 몇 번 상우에게 안부 문자를 보냈지만 답장은 오지 않았다.

1년쯤 후에 패스트푸드점에서 함께 일했던 친구를 우연히 만났다. 이런저런 소식을 주고받다가 상우 얘기가 나왔는데, 불과 며칠 전에 그랜저를 몰고 부산에 와서 술을 잔뜩 사주고 갔단다. 부산까지 와서 연락을 안한 게 서운했지만 그래도 직장에 잘 다니고 있는 것 같아서 안심할 뻔했으나, 아니나 다를까 그랜저는 렌터카였고 대기업에서도 얼마 못 버티고 나와서 중국집 배달 일을 한다고 했다.

그리고 또다시 10년이 흘러 이번에는 퇴근길 버스 안에서 상우를 만났다. 순전히 우연이었다. 상우는 마치 어제 본 사람처럼 태연한 얼굴로 어떻게 지냈는지, 뭘 하며 사는지 물었다. 녀석에게 남아있던 서운함은 이미 사라지고도 남을 만큼 시간이 흘렀기에 내 근황을 간단히 알려줬다. 법원에서 일한다고 하니 녀석의 눈이 반짝이는 것 같았다. 상우는 조만간 꼭 만나자며, 내게 하고 싶은 말이 많다며 내 연락처를 받아 갔다. 그러고 나서 얼마 후에 정말로 연락이 왔다.

오토바이를 타고 가다가 교통사고가 났다며 법률 자문을 구하는 내용이었다. 이 녀석 변한 게 없구나 싶어서 쓸쓸함이 몰려왔다. 간단한 절차만 알려주고 법적으로 풀어야 할 내용이라면 변호사를 선임해서 해결하라고 했다. 그 후로 상우와 연락할 일은 없었다.

상우가 말하던 '성공'이 무엇인지는 잘 모르겠다. 타인의 호의를 이용해 형제처럼 지냈던 시간을 무색하게 만들고, 돈을 떼먹는 것도 성공으로 가는 과정 중 하나라고 하면 할 말은 없다.

아동학대 사건으로 전국이 떠들썩해질 때마다 다리를 절며 날 찾아왔던 상우가 떠오른다. 어린 아들이 거리를 배회하게 만든 녀석의 친부와 계모는 어떤 사람일까, 상상하게 된다.

부모에게서 물려받는 것은 육체나 재산만이 아니다. 습관과 사고방식, 사회적 네트워크까지 물려받는다. 특히나 형사사건에 휘말린 피고인들을 접하다 보면 그들 역시 자기 부모로부터 폭력적이고 누추하고 비참한 것을 물려받았음을 알 수 있다. 불행도 세습된다. 학대당한 아이가 부모가 되어 제 자식을 학대한다. 학대의 사이클이 돌고 돈다.

사건 사고가 일어날 때마다 일시적으로 분노하고 동정하며 예방책이랍시고 법과 제도를 만든다고 문제가 해결되지 않는다. 아이들의 인격은 가정환경의 영향을 받을 수밖에 없다. 내 아이를 똑똑하고 남부럽지 않게 만드는 데에만 관심을 가져서는 안 된다. 공동체 의식을 가지고 이웃의 아이들이 정서적 안정감을 느낄 수 있는 이웃이 되어 건강한 사회를 만들어 나가도록 노력해야 한다.

집에서 탈출한 아이들, 집에서 탈출하게끔 만든 어른들이 가득한 사회에 어떤 기대를 할 수 있을까. 그런 사회에서는 어떤 희망도 품을 수 없다.

법원에 온 아이들

매일 출근해서 사람들을 대하다 보면 평생 법원에 와본 적 없거나 올 일이 없는 사람은 행복한 삶을 사는 게 아닐지 생각한다. 사람들 눈엔 법원이라는 직장이 번듯해 보이겠지만 세상의 모든 사건 사고가 모여드는 곳이 여기다. 이렇다 보니 법원을 방문하는 사람 대부분은 분노에 차 있거나 지쳐있거나 불안하거나 주눅 든 상태다. 창구에 앉아서 이런 사람들을 상대하는 게 내가 맡았던 첫 업무였다.

원칙대로 일 처리하다 보면 가뜩이나 예민해진 사람들 심기를 건드려서 난감한 상황에 처하기도 했다. 내가 돈을 빌린 것도 아닌데 사채업자에게 협박당하기도 하고, 나긋나긋하지 않다고 감사관실에 찾아가 민원을 넣는 사람도 있었다. 나는 분풀이 대상이었다.

민원실 창구에서 일할 때 부모와 함께 법원에 오는 아이들이 꽤 있었다. 아이들은 법원이 뭘 하는 곳인지 정확히 몰라도 부모의 위축된 모습과 창구에 앉은 아저씨가 어려운 얘기를 장황하게 하는 걸 보고 같이 위축되곤 했다. 그럴 때를 대비해서 서랍에 과자를 사두었다가 부모가 자리를 비웠을 때(아이를 민원실에 두고 은행 등에 다녀오는 부모가 꽤 있다) 건네주며 말을 걸면 긴장을 조금 푸는 모습이었다.

어린이날을 앞두고 한 부자父子가 민원실을 찾아왔다. 개인파산으로 온 민원인에게 은행 가서 인지, 송달료를 내고 영수증을 받아 오랬더니 역시나 아이만 창구에 두고 은행에 갔다. 민원인이 올 때까지 아이를 돌보는 것도 내 몫이었다(물론 누가 시킨 적은 없다).

멀뚱히 앉아 있는 아이에게 사탕 몇 알을 건네며 어린이날 뭐 할 거냐고 물었더니 에버랜드에 가보고 싶단다. 경남 소도시에 사는 부자가 용인 에버랜드까지 가려면 교통비에 식비, 입장료까지 비용이 꽤 들 터였다. 그런데 아버지는 개인파산

중이니, 아이의 바람은 바람으로 끝날 게 불 보듯 뻔했다. 나는 잠시 고민하다가 에버랜드는 가봤자 사람만 많고 왔다 갔다 힘만 드니 근처에 있는 도깨비 유원지를 가보라며, 재미있는 게 많다고 추천했다. 그러자 도깨비 유원지는 너무 시시하고 사파리월드도 없다며 시무룩해했다. 사파리월드에서 동물 구경을 하고 싶다니 더 할 말이 없었다. 그저 부모의 경제적 빈곤으로 어린이날 놀이공원에 가는 소소한 행복도 누리지 못하는 아이가 안타까웠다.

한번은 아주머니 한 명이 민원실에서 소란을 피운 적도 있었다. 몇 년 전 자녀를 학대했다는 이유로 벌금 낸 게 억울하다며 바닥에 주저앉아 울었다. 만취 상태였다. 몇 년 전 일을 이제 와서 얘기하는 것도 황당했지만, 대낮에 만취 상태로 아이까지 데리고 공공장소에서 소란 피우는 걸 보니 과연 정말 억울한 일이었을까, 비꼬아 생각할 수밖에 없었다. 아주머니가 흥분한 상태로 민원실 기물을 던지고 이리저리 돌아다녔으므로 누군가는 말려야 했다. 그 누군가가 왜 항상 나인지는 잘 모르겠지만, 아무튼 내 민원인도 아닌데 나섰다가 아주머니에게 먹살을 잡히고 머리에 들이받혀 턱을 다쳤다. 한바탕 소동을 벌인 후에 아주머니는 청사 로비 의자에 뻗어 잠들었다. 아주머니의 어린 아들은 구석에 서서 모든 광경을 목격했다.

턱을 만져보니 조금 얼얼할 뿐 심각한 부상은 아닌 듯했다. 다행히 빠진 치아도 없었다. 운수 나쁜 날이라고 여기며 아이가 서 있던 곳을 봤는데 아이가 없었다. 머릿속이 하얘졌다. 민원실에 온 아이를 돌보는 것도 내 몫이라고 여겼기에(다시 한번 강조하지만 누가 시킨 적은 없다) 곧바로 아이를 찾아 나섰다. 잠든 엄마 곁에 있겠거니 생각했는데 거기에도 없었다. 청사를 나와 주차장을 둘러봤다. 다행히 주차장 옆 정자에 우두커니 앉아 있던 아이를 발견했다.

아이에게 다가가서 밥 먹었냐고 물었더니 안 먹었단다. 배 안 고프냐고 했더니 고프단다. 아저씨랑 구내식당 가서 밥 먹을래? 했더니 그래도 되냐고 물었다. 그러면서 한다는 말이 엄마가 깨서 자기를 찾으면 어떻게 하냐고, 그 와중에 엄마 걱정을 했다. 나는 보안관 아저씨*한테 말해두고 가면 된다고 아이를 안심시킨 후 식당으로 데려갔다.

아이는 생각 이상으로 똑똑했고 현재 상황을 정확히 파악하고 있었다. 체구가 작아 어릴 거라고 짐작했는데 초등학교 6학

---

* 아이 눈높이에 맞춰 보안관 아저씨라고 설명했으나 정확한 명칭은 '법원보안관리대원'이다. 법원보안관리대원은 법원 내의 보안, 방호 업무를 담당한다. 흔히 '청원경찰'이나 '법정경위'로 부르지만, 이는 잘못된 표현이다.

년이란다. 아이는 몇 년 전 엄마가 자신을 학대해서 처벌받은 것도 알고 있었다. 학대당한 기억 때문에 엄마를 원망하면서도 걱정하고 있었다. 그날도 술에 취한 엄마가 갑자기 대폭발하여 법원에 가겠다고 하니 걱정스러운 마음에 따라왔다는 것이었다. 종종 그런다고, 그럴 때마다 엄마가 걱정돼서 따라다닌다고 했다. 초등학교 6학년이면 창피함을 알 나이가 아닌가. 엄마의 부끄러운 행동도 묵묵히 감내하며 지켜내려는 녀석이 대단해 보였다.

식사를 마치고 올라왔더니 정신을 차린(?) 아주머니가 중요한 걸 잃어버린 표정으로 서성이고 있었다. 자기 아들을 보자마자 쪼르르 달려와서는 어딜 갔다 왔냐며 나무랐다. 방귀 뀐 놈이 성내는 꼴을 보고 있자니 기가 찼다.

"애 밥 먹였어요. 엄마는 술 취해서 자고 애는 쫄쫄 굶고 있는데 어떡해요. 그럼."

내 말에 얼굴이 벌게진 아주머니가 시선을 피했다. 멱살까지 잡고 분풀이했던 상대가 아이에게 밥을 사줬다고 하니 민망해하는 눈치였다. 나는 아주머니에게, 이미 지난 일을 붙잡고 계속 괴롭히면 애만 힘들어진다고, 지금 와서는 대통령도 결과를 못 바꾸니 그만 찾아오시라고 설득했다. 내 말을 묵묵히 듣던 아주머니가 훌쩍이며 고개를 숙였다. 그날 이후 법원에서 아주머니를 만난 적은(지금까지는) 없었다.

　어른들은 생각한다. 아이가 어리면 잘 모를 거라고, 또 쉽게 잊을 거라고 믿는다. 어른들의 오만한 생각이자 부끄러움을 덮으려는 핑계일 뿐이다. 아이들은 생각하는 것 이상으로 기억력이 좋고 눈치가 빠르다. 반면 회복력은 없어서 한번 상처가 된 기억은 고스란히 떠안고 자란다.

　부모의 과오로 일찌감치 '법원'을 경험한 아이들은 어떤 기억을 가지고 살게 될까. 주눅 든 아버지나 술 취해 흐트러진 어머니를 떠올리기보다 사탕을 나눠줬던 아저씨, 밥을 사줬던 아저씨가 있던 곳으로 기억되길 바랄 뿐이다. 그렇게라도 아이들의 상처가 옅어지길 진심으로 원한다.

예사

결혼하지 않고 가족을 만들 수는 없을까?

이 고민은 꽤 오래전부터 해왔다. 누나가 딸 쌍둥이를 낳고 부모님 댁에 와서 공동육아를 시작한 뒤로는 고민이 더 깊어졌다. 조카가 예뻐도 너무 예뻤다. 퇴근 후엔 만사 제쳐두고 집에 가서 아기를 돌봤다. 두 녀석이 꼼지락거리던 순간순간을 휴대폰으로 찍어뒀다가 가까운 지인이라도 만나는 날엔 기다렸다는 듯 자랑을 해댔다. 그러면 십중팔구는 결혼해서 네 아이를 낳으라고, 전혀 다른 차원의 행복을 경험할 거라고 했다.

가족이나 아이 얘기를 할 때마다 '결혼'으로 귀결되는 반응은 너무 익숙해서 더 이상 서운할 것도 없었다. 그리고 사람들은 결혼하지 않고 가족을 만드는 방법이 있다는 것도 잘 알고 있었다. 다만 그 방법이 아주 특별해서 재력이든 신앙심이든 성품이든 뭐라도 하나 뛰어난 사람만 할 수 있는 거라고 생각하는 듯했다.

그 방법은 '입양'이었다.

나는 한때 꽤 진지하게 국내 입양을 알아본 적이 있었다. 그런데 대부분 국내 입양은 난임 부부가 비공개적으로 아이를 입양해 친자식처럼 키우는 걸 희망하다 보니 대개 12개월 미만인 신생아 위주로 입양이 이루어졌다. 그러다 보니 대기 시간도 길고 심사 절차도 까다로워 보였다. 아이를 입양하려고 대기 중인 사람도 많았는데, 입양도 수요와 공급의 법칙 같은 게 있어서 여자아기를 기다리는 부부가 훨씬 많았다. 남자아기는 인기가 없어서 서너 살 이전에 입양되지 못하면 성인이 될 때까지 보육원에서 자라야 했고 그런 이유에서인지 남자아이를 입양한 부모들 모임도 존재했다.

대개 독신은 입양을 못 하는 것으로 알고 있는데, 독신으로도 입양은 가능하지만 부부가 입양할 때보다 심사가 엄격해 보였다. 또 독신 여성이 남자아이를 입양한다고 해서 이상한 눈

초리를 받지 않는 듯했으나, 미혼 남자인 내가 여자아이를 입양하고 싶다고 할 때 변태로 의심하는 듯한 시선을 받았다.

게다가 입양된 아이들이 성장하면서 겪을 사회적 편견이나, 부모 중 한쪽이 없을 때 발생하는 실질적인 불편함도 고려해야 했다. 이런 것들은 사회풍토가 바뀌지 않는 한 나의 노력만으로 해결할 수 있는 문제가 아니었다. 이차 성징이나 월경처럼 아이가 동성 어른에게 묻고 답을 얻을 수 있는 영역도 있었다. 그래서 남들이 보기에 허무맹랑하게 들릴 독신남의 입양보다, 사회적 시선에서도 자유롭고 실현 가능한 선에서 가족 만들 방법을 궁리해야 했다.

법의 허락이 필요 없고 같이 살지 않아도 가족처럼 아끼고 보살필 수 있는 존재를 만들면 되지 않을까 생각했다. 국제 NGO 단체의 후원 독려 캠페인이나 유명 연예인이 해외 아동 여러 명을 후원한다는 기사를 접하고 이게 적당하겠구나, 싶었다. 해외 아동 결연후원이라면 독신남이 딸처럼 보살피는 아이가 있다고 해도 변태로 오인될 소지가 없겠다는 결론이었다.

굿네이버스, 세이브 더 칠드런, 초록우산 어린이재단, 기아대책, 월드비전, 컴패션 등을 통해 결연후원을 할 수 있었는데, 그중에는 선교활동에만 집중하고 후원 활동은 소홀히 하다가 비난받은 단체도 있었기에 나 역시 이런 부분이 염려됐다. 개인적으로는 종교 색채가 없는 단체를 선정하고 싶었으나 대부분 종교 정신(사랑)을 기반하고 있어서 이를 피할 수 없었다. 대신, 만에 하나 후원금이 제대로 사용되지 않았을 때 직접 현장을 찾아가서 확인할 수 있게 그나마 물리적 거리가 가까운 지역의 아이를 후원하기로 했다.

교통이나 치안, 교류 여건 등을 종합적으로 고려했을 때 동남아시아가 현실적으로 찾아갈 수 있는 위치였다. 다음은 아이의 연령대와 장래 희망을 선택했다. 단체마다 후원 아동을 이어주는 방식이 달라서 어떤 단체는 임의로 아이를 지정해 줬지만, 어떤 단체는 아이 사진이나 성별, 나이, 장래 희망 정도는 공개해 주기도 했다.

나는 예닐곱 살 정도의 여자아이 중에서 대상을 찾았다. 어린 시절부터 인연을 맺으면 정서적으로 쉽게 가까워질 것 같았고, 스스로 쓴 편지를 주고받으며 교류하고 싶었다. 직업군이 고민이었는데, 군인과 경찰은 일단 배제했다. 한때 나는 직업군인을 꿈꿨을 정도로 군인이나 경찰이 보람된 직업이라고 생각한다. 하지만 저개발국 중엔 독재자가 다스리거나 인권을 존중하지 않는 나라가 많아서 공권력을 잘못 사용하여 민간인에게 해를 끼치는 군인이나 경찰도 있을 것이다. 나의 후원으로 자란 아이가 누군가에게 해코지하는 모습은 보고 싶지 않았다.

문득 예전에 법조계 선배들과 나눴던 얘기가 떠올랐다. 우리 직군은 대한민국 안에서는 잘난 듯하지만, 아프리카에 봉사활동 하러 가면 쓸모가 없다는 것이었다. 기껏해야 벽돌 나르고 힘쓰는 역할밖에 못할 테니, 그런 면에서 의료인이 좋은 직업 같다고 입을 모았다. 어느 나라를 가든 사람을 치료하거나 살리는 도움을 줄 수 있으니까. 그 말이 떠올라서 의료인을 꿈꾸는 아이를 후원하는 게 어떨까 생각했다. 그 아이가 자라서 의료인이 되어 저개발국을 돌아다니며 봉사한다면 그보다 더 의미 있는 일은 없을 것 같았다.

그렇게 입양이라는 불가능에 가까운 희망보다 희망에 가까운 가능성에 매달린 결과, 의료인을 꿈꾸는 여덟 살짜리 딸이 생겼다.

예샤는 필리핀의 수도 마닐라에서 나오는 폐기물을 처리해서 먹고사는, 경제적으로 빈약한 지역의 아이였다. 사진 속의 예샤는 야무진 표정으로 카메라를 응시하고 있었는데, 생기 넘치는 눈빛과 상반되는 후줄근한 민소매와 제 발보다 훨씬 큰 크기의 낡은 슬리퍼가 눈에 띄었다.

나는 예샤와 친해지려고 월 3만 원의 후원금 외에도 편지를 꽤 열심히 보냈다. 편지는 해당 국가로 이동해 번역을 거쳐 아이에게 전달되는 식이었다. 그런데 예사가 사는 곳은 인프라가 발달하지 않아서 편지가 전달되는 데만 두세 달이 걸렸다. 답장을 받고 다시 편지를 보낸다고 해도 1년에 서너 번 정도 연락하는 게 한계였다. 상황이 이러니 편지 한 통에도 정성을 쏟을 수밖에 없었다.

예샤의 관심을 얻으려고 부산 해운대 해수욕장이나 빌딩 숲 전경이 담긴 사진을 보내며 설명을 곁들였다. 연말엔 결핵협회에서 파는 실seal을 사서 우표 옆에 붙이기도 했는데, 소방관이나 독립운동가가 그려진 크리스마스실을 보내면서 한국의 독립운동가를 소개하기도 했다. 또 예샤를 이해하는 데 도움이 될까 싶어서 한국외국어대학교에서 발간하는 필리핀 교재와 필리핀을 소개한 책 등을 구매해 읽기도 했다. 이런 노력이 느껴졌는지 예샤는 내게 감사와 애정이 담긴 편지를 보내왔다.

예샤는 감사함을 표현할 줄도, 목표를 향해 노력할 줄도 아는 아이였다. 공부도 잘해서 1등에게 주는 우등상을 받고 학교 대표로 (한국으로 치면) 수학경시대회에 나갔다는 소식도 들려줬다. 언젠가는 2등을 했는데 다음에는 열심히 해서 1등을 하겠다는 다짐도 적혀있었다. 그런 소식을 들으면 나도 힘이 나서 성의껏 응원의 편지를 썼다. 네가 지금처럼만 열심히 공부하면 많은 사람이 너를 도우려 할 것이고 너에게는 무궁무진한 기회가 생길 거라고. 어쩌면 해외로 나갈 기회가 생길지도 모르니 외국어 공부도 열심히 해놓으라고 조언했다.

9월쯤엔 후원금 외에도 선물금으로 4만 원을 보냈다. 마음 같아선 한국에서 직접 선물을 구매해 보내주고 싶었지만, 한국 물건은 품질이 좋아서 다른 아이들과 분쟁이 될 소지가 있으므로 선물금을 보내면 그 나라의 상황에 맞는 물건을 사서 선물한다는 게 단체의 설명이었다. 선물금은 1년에 한 번 후원단체를 통해 보낼 수 있었는데, 크리스마스나 연말쯤에 아이가 선물을 받게 하려면 시간 여유를 둬야 했다. 후원단체도 매일 사업 지역을 다니는 게 아니라 후원자의 선물금 등을 한꺼번에 모아 활동 지역에 들어가는 구조다 보니 해외 아동을 후원하려면 적당한 인내심이 필요했다.

연말이나 다음 해 초가 되면 선물을 품에 안고 웃는 아이의 사진과 감사 편지를 받을 수 있었다. 한국에서 4만 원은 '괜찮은 선물'을 사기엔 조금 부족한데 이 돈으로 풍족한 선물을 해줄 수 있다는 게 신기했고, 아이가 기뻐하는 모습에 보람을 느끼기도 했다.

예샤와의 성공적인 만남으로 나는 결연후원에 더 관심을 가지고 후원 아동을 늘려갔다. 세계 각국에 후원 아동이 생겼고 아이들 덕에 그 나라에 대한 책을 읽고 정보를 습득했다. 후원 단체도 다양화하면서 각 단체의 특색이나 후원 국가의 문화적 차이도 간접적으로 알게 되었다. 일례로 선물금 보내는 횟수를 1년에 1회로 제한하는 단체나 국가가 있었는데, 아이들이 느낄 상대적 박탈감을 우려해서였다. 후원자들의 관심과 애정이 다르다 보니 열심히 선물금을 보내는 후원자가 있는 반면, 그렇지 않은 후원자도 있을 것이다. 이때 관심을 덜 쏟는 후원자를 둔 아동이 소외감을 느끼지 않도록 배려한 것이었다.

또 어떤 국가는 집단주의 문화가 있어서 후원자들의 선물금을 모아 모든 아이에게 골고루 선물을 주는 곳도 있었다. 특정 아동만 선물을 받으면 다른 아이들의 시기와 질투를 받을 수 있기 때문이었다.

예샤가 자라는 걸 보면서 결연후원에 대한 반대는 줄고 응원은 늘었다. 처음엔 결연후원에 부정적이었던 아버지도 에티오피아에 사는 손자가 생겼다. 많고 많은 국가 중 왜 에티오피아인지 물었더니 한국전쟁에 참여해 준 국가여서 그렇단다. 후원에 무관심하거나 심지어 반대하던 사람들에게 손자나 자녀가 생기는 과정을 보니 뿌듯함은 배가 됐다.

그리고 김진원

"좀 깎아 주이소. 이 정도 금액이면 안 되겠습니까? 요새 즈-응말 힘듭니더. 좀 깎아 주이소."

낡은 가죽점퍼를 입은 아저씨가 가격을 흥정하고 있다. 뒷좌석에는 많은 사람이 기대에 찬, 또는 긴장한 눈빛으로 지켜보고 있다. 높은 책상 위에 검은 망토를 걸친 남자가 서류와 아저씨를 번갈아 본다. 갈등하고 있음을 누가 봐도 안다. 나는 조금 답답한 심정이다. 여기가 쇼핑몰이냐고? 아니다. 이곳은 형사법정이다.

신체의 자유를 박탈하는 징역형만큼 무거운 범죄를 저지른

게 아니라면, 검찰에서는 피고인을 벌금형으로 처벌해달라고 법원에 신청한다. 그러면 법원은 검찰에서 제출한 서류를 검토하여 피고인을 벌금형에 처할지 결정한다. 공판기일 없이 약식절차에 따라 처리한다고 해서 이런 형태의 형사재판을 '약식명령'이라고 한다.

약식명령에 이의신청하는 걸 정식재판청구라고 한다. 본인이 약식명령으로 받은 벌금에 대해서 정식으로 재판을 열어 달라고 했으니, 법정에 출석해 검사와도 대면해야 한다. 그런데 정식재판청구의 경우 재판이 진행되는 모습은 형사재판의 엄중함과는 분위기가 사뭇 다르다.

돈을 얼마나 내느냐가 중심이라 그런지, 지은 죄에 대해 벌을 받는다고 생각하지 않고 잘못 부과된 과태료나 공과금을 내는 정도의 경중으로 생각하는 사람도 있다. 그래서 막무가내로 법원에 전화를 걸어 따지거나 일단 이의신청부터 하고 보자는 식이 많다. 벌금을 흥정하려는 사람도 종종 눈에 띈다.

"그럼, 벌금을 200만 원에서 150만 원으로 낮추어 드리겠습니다."

고민하던 판사가 흥정에 응한다. 방청석에서 자기 사건을 기다리는 피고인들의 눈이 반짝반짝 빛난다. 이 판사는 사회적 약자를 배려하는 좋은 사람으로 소문이 나 있다. 하지만 누군가는 오늘이 할인 행사 날이라고 생각하겠지. 나는 작게 한숨을 내쉬었다.

아저씨는 이 액수에도 만족 못 하고 더 깎아 달라고 한다. 한참 실랑이하다가 판사가 더 물러설 뜻이 없는 걸 확인하고서야 법정을 나간다. 그러나 잠시 후 항소장이 접수되었다는 알림 창이 모니터에 뜬다. 항소심에서 조금 더 흥정할 수 있을 거라는 기대감 때문이리라.

첫 사건 벌금을 깎아주니 다음 사건의 피고인들도 모두 벌금을 깎아 달라고 졸랐다. 그렇게 마음 여린 판사와 피고인의 흥정 속에 오전 재판은 예정보다 두 시간이나 지연됐다. 오후에도 판사와 피고인들 간의 흥정이 이어졌고 결국 퇴근 시간마저 한참 늦어졌다. 속이 부글거렸다.

한 달 후, 인사이동으로 새로운 판사가 왔다. 원칙론자라는 소문이 있었는데 재판을 보면 그 말은 사실인 듯했다. 얼마를 더 깎을 수 있을지 흥정하던, 쇼핑몰 같던 법정의 모습이 사라졌다. 그는 양형기준과 감형인자를 따져 자신이 이 정도 사이에서 결정할 것이라고 피고인들에게 명확히 설명했다. 그리고 그 구간 안에서 어떠한 흥정이나 읍소에도 흔들리지 않고 판결했다.

그렇다고 무조건 양형 구간만 가지고 기계적으로 판결하지도 않았다. 사회적 약자는 배려했다. 운전과 관련되어 기소된 피고인이 차를 몰지 않으면 이동조차 못 하는 장애인인 경우 검사에게도 상황을 설명하고 양해를 구해 최대한 선처했다. 설명할 건 다 설명하고 당사자들 얘기를 다 들어주고도 자로 잰 듯 정시에 재판이 끝났다. 사건이 많든 적든 재판을 정시에 끝내는 시간 조율 능력에 감탄했는데, 원칙대로 하니 오히려 항소율도 낮아졌다.

하루는 어떤 아주머니가 법정으로 들어오다가 놀란 표정으로 주춤거렸다. 아주머니를 본 판사가 "저 아시죠?"라고 하니 아주머니는 머쓱한 표정으로 허허 웃었다. 그러고는 바로 재판을 취하하고 법정을 나갔다. 예전에 서울에서 이 판사에게 재판받았는데 부산까지 내려와 똑같은 사고를 쳤던 것. 하필 이 원칙론자를 다시 만났으니 뻔한 결과를 듣자고 굳이 시간 들여 재판받을 필요가 없다고 생각했나 보다.

일전에 가격 흥정(?)에 성공했던 아저씨도 다른 사건으로 또 법정에 섰다. 형사 법정에서 단골손님을 좋아할 리 없는 건 당연하고, 바뀐 판사도 아저씨의 흥정을 받아주지 않았다. 재판이 끝난 후 아저씨가 기록을 정리하는 내게 와서 답답하다는 듯 한탄했다.

"전에 판사님은 잘 깎아 주시더만, 이번 판사님은 와 안 깎아

준답니꺼?"

내가 대답했다.

"여기가 쇼핑몰입니까? 깎아 주고 말고 하게?"

염치와 눈치를 상실한 어른들을 볼 때면 아이들이 떠오른다. 장발장, 상우, 하나와 짧은 머리 소녀들, 예샤, 법원에서 만난 아이들…. 이들의 공통점은 가정이 아이들을 보호해 줄 만큼 튼튼하지 못했다는 것이다. 이들은 자라서 어떻게 될까. 내가 만났던 아이들이 사건·사고에 휘말려 법원 같은 곳에 들락거릴 일이 없는 평범한 어른으로 자라려면 어떻게 해야 할까. 그리고 나는 무엇을 해야 할까. 내가 할 수 있는 일이 있을까?

가족을 만들고 싶다는 개인적 바람과 모든 아이가 안녕하길 바라는 시민으로서의 염원은 언제부턴가 '아동 후원'이라는 하나의 줄기로 뻗어나가고 있었다.

그런데 국내·외 아동 결연후원을 통해 깨달은 문제점도 있었다. 해외 아동의 경우 사실상 직접 만날 수가 없었고, 국내 아동도 대부분 부모(또는 보호자)가 있어서 도움을 주는 데 한계가 있었다. 물리적 거리가 멀어도 문제였다. 나는 장인이 운영하는 보육원의 아이 둘을 후원하고 있었는데 사실상 거의 만날 수가 없었다. 보육원 위치가 도시 외곽을 한참 벗어난 섬에 있어서 내 생활권과 너무 멀었다. 당시엔 차가 없어서 대중교통을 타야 했는데 버스와 지하철을 몇 번 갈아타고도 2시간이 넘게 걸렸다. 또한 섬이다 보니 만나도 할 게 없었다. 시내로 나왔다가 돌아가는 것 자체가 미션이었다. 그래서 보육원 행사로 아이들이 시내에 나올 때만 겨우 봤으므로 같이 밥 한 끼 먹은 기억도 없다. 이런저런 핑계로 만남을 미루고 자주 못 보니 소홀해지는 것도 당연했다. 두 아이를 후원하면서 활동 범위의 중요성을 느꼈다.

이런 이유로 새로운 아이를 후원하기로 마음먹었을 땐 내가 사는 지역의 보육원을 알아봤다. 마침 부모님 댁 가는 길에 보육원이 하나 있었다. 최소 한 달에 한 번은 부모님을 뵈러 가니 그 핑계로 들를 수 있겠다 싶었다.

이 보육원은 운영된 지 꽤 오래됐음에도 유명세를 타지 않으며 종교나 정치적인 색채도 크게 보이지 않았다. 그래서 재판을 일찍 마친 어느 날 퇴근 무렵 보육원에 전화해서 국내 아동 결연후원이 가능한지 물었더니 긍정적인 답변이 돌아왔다.

후원은 밥을 먹거나 출근하는 것처럼 생활 필수영역이 아니어서 바쁘다 보면 그 핑계로 차일피일 미룰 게 뻔했다. 그러다가 결심이 사라질 것 같아 퇴근 후 바로 보육원으로 향했다.

보육원으로 향하면서 궁금해졌다. 장발장에게는 후원자가 없었을까? 지속해서 관심을 갖는 후원자가 있었다면 보육원에서 그렇게 학대할 수 있었을까? 어린 장발장이 보육원의 정상적인 관리 속에 후원자의 지원까지 받았다면 절도범이 아닌 평범한 사회 구성원이 되지 않았을까?

비록 한 명의 개인에 불과한 후원자의 노력으로도 아동 학대를 예방하거나 아동에게 정서적 안정감을 줄 수 있다면 노력해볼 만한 가치가 있는 게 아동결연후원이 아닐까 생각했다.

보육원에 도착하니 뿔테 안경을 쓴 40대 중반 가량의 여성이 차분하게 맞이해 줬다. 명함에 과장이라고 적혀 있었다. 이것저것 깐깐하게 물어볼까 봐 조금 긴장했는데 후원자의 자격 같은 건 특별히 없는 듯했다. 재직증명서를 요구하거나 재산 정도를 묻거나 신용조회를 요청하는 등의 절차는 없었다. 후원동기나 어떻게 이 보육원을 알게 됐는지 정도의 간단한 이야기를 나누고 어떤 아이를 후원하고 싶은지, 생각해 둔 아이가 있는지 물었다. 그런 게 있을 리가. 떠오르는 대로 유치원생이나 초등학교 저학년의 여자아이를 원한다고 했다. 경험상 남자 조카보다 여자 조카들과 노는 게 더 재미있었고, 여자애들이 말도 재잘재잘 잘하고, 무엇보다 체력 소모 없이 가만히 앉아서 수다 떨며 놀아줄 수 있으니까. 또 너무 나이가 많은 아이는 이미 사람에 대한 경계심을 가지고 있어서 친해지기 힘들 것으로 생각했다.

과장님은 곤란한 표정으로 그 연령대 여자아이들은 인기가 많아서 이미 후원자가 있다고 했다. 문득 대학 선배가 예전에 해준 얘기가 떠올랐다. 유럽의 어떤 나라에서 제일 먼저 입양되는 아이는 금발의 어린 여자아이라고. 입양도 그러하다는데 후원 아동도 쇼핑하듯 고를 수 있다면 후원자 입장에서도 공부를 잘하거나 잘생기고 예쁘거나 순한 성격의 어린아이들을 선호할 것 같긴 했다. 한편으론, 30대 초반의 남성이 느닷없이 나타나 어린 여자아이를 후원하고 싶다고 하니 이상한 사람으로 의심받은 게 아닐까, 라는 씁쓸한 생각도 들었다. 또 대규모 NGO 단체와 달리 해당 보육원에 있는 아동은 40여 명 내외여서 원하는 조건의 아이를 찾는 게 더 어려울 것 같았다.

"이 아이는 어떤가요? 초등학교 6학년인데 태어나자마자 이곳에 와서 여기서 자랐어요. 제가 키우다시피 한 아이라 잘 아는데 성적도 무난하고 컴퓨터도 잘하고 착해요. 그런데 아직 한 번도 후원자가 없었답니다."

과장님이 남자아이 사진을 보여줬다. 초등학교 6학년이면 열세 살이다. 13년 동안 후원자가 한 번도 없었다고 하니 아이에게 어떤 문제가 있는 게 아닐까 의심스러웠다. 하지만 검증할 방법은 없다. 게다가 후원하겠다고 왔는데 이것저것 따지며 고집 피울 수도 없었다. 여긴 쇼핑몰이 아니니까.

　추천해 준 아이의 후원자가 되겠다는 말을 마치기 무섭게 과장님은 아이와 인사시켜 주겠다며 어딘가로 전화를 했다. 10분쯤 뒤에 한 남자아이가 숨을 몰아쉬며 사무실로 뛰어 들어왔다. 12월 말이었다. 달려온 아이는 볼이 붉게 물들어있었고 안경에는 서리가 끼어 있었다. 피부도 뽀얗고 깨끗했다. 초등학교 6학년치고는 키도 몸집도 너무 작았는데, 키가 작아서 학창시절 내내 반에서 1, 2번을 다투던 내 어린 시절이 떠올랐다. 안경에 낀 서리가 걷히자 순한 눈매가 드러났다. 붉게 물든 볼은 추위 때문이 아니라 자기에게도 후원자가 생긴다는 기쁨에 상기된 것 같기도 했다. 원치 않았던(?) 초등학교 고학년 남아였지만 첫인상은 썩 마음에 들었다. '진원'이와 나의 인연이 시작된 순간이었다.

2. 민낯

너무도 모른다

　내가 원이를 후원하게 됐다는 소식을 듣고 오랜 지인인 50 대 사업가 부부가 관심을 보였다. 그들은 해외 아동을 이미 후원 중이었는데, 국내 아동 결연후원도 가능하다는 말에 후원 의사를 밝혔다. 나도 진원이를 만난 직후여서 보육원 직원들과 이렇다 할 친분은 없었지만, 좋은 일이라고 생각했기에 기꺼이 다리 역할을 했다. 보육원에 사업가 부부의 상황을 설명하고 그들이 원하는 아동의 조건도 전달했다. 그들 역시 미취학 또는 초등학교 저학년 여자아이를 후원하고 싶어 했다. 그랬더니 보육원에서 여덟 살짜리 여자아이를 곧바로 소개해 줬다.

잠깐만, 뭔가 이상하지 않은가?

내가 요청했을 땐 없다던 여자아이가 갑자기 나타난 것이었다. 허허, 역시 내가 이상한 사람일까 봐 의심했구나, 라는 생각에 섭섭한 마음도 들었지만 한편으론 이해도 됐다. 시설과 사회복지사는 아이들을 보호해야 할 의무가 있고, 그러려면 모든 면에서 신중할 수밖에 없었을 터. 내 신분이 확실해도 젊은 남자가 어린 여자아이를 후원하겠다는 말이 이상하게 들렸을 수도 있었겠지 싶었다. 그런데 막상 아이에 대한 소개를 듣다 보니, 내가 이 아이를 후원했더라면 과연 감당할 수 있었을까? 의문이 들었다.

성경이는 동글동글한 얼굴에 보조개까지 있는 귀여운 아이였다. 그런데 여덟 살짜리가 가져서는 안 될 것만 같은 서늘한 눈빛 때문에 묘한 긴장감을 줬다.

성경이는 4남매 중 첫째였다. 남동생 셋이 있었는데 그중 둘과는 아버지가 달랐다. 보육원에 올 당시 성경이는 겨우 일곱 살이었고 동생 중 둘은 갓난아기였다. 그럼에도 부모는 아이들만 방에 가둬 놓고 일을 하러 다녔단다. 제대로 된 밥을 먹기는커녕 방치되어 울고 있던 4남매를 이웃이 신고해 준 덕에 아이들은 지옥 같은 집에서 벗어나 보육원에서 생활할 수 있었다. 말 못하는 동생들과 갇혀 있다 보니 성경이 역시 일곱 살임에도 말을 못했다고 한다. 그래서 보육원에 들어오자마자 언어치료부터 받았다. 사람을 만난 적이 없으니 사회성도 부족해서 상대를 깨물고 할퀴는 방법으로 의사 표현을 했다.

사업가 부부에게 성경이를 소개했을 때는 언어치료를 한 터라 의사소통에 문제가 없었다. 아이의 사정을 들은 부부가 성경이를 만났을 때 그들은 동정심에 눈물을 글썽였다. 그 모습을 보고 성경이가 마음씨 좋은 후원자를 만난 것 같아서 안심했다. 부부는 그들만의 방식으로 성경이를 살뜰하게 챙겼다. 생일 땐 명품화장품을 선물하기도 했는데 너무 비싼 걸 사주는 게 교육적으로 적절한지, 다른 아이들에게 위화감을 주지 않을지 걱정되어 슬쩍 얘기한 적이 있다. 그랬더니 오히려 요즘 애들이 브랜드를 더 잘 알고 싼 건 거들떠보지도 않는다며, 내가 현실감각이 없음을 나무랐다. 후원자마다 가치관이 다르고 각자의 아동에게 후원하는 것이므로 내가 참견할 자격은 없었다. 또한 성경이도 선물을 받고 좋아했기에 내가 끼어들 틈은 더더욱 없었다.

하지만 무슨 이유에서인지 부부가 성경이를 만나는 횟수가 점점 줄었고 얼마 후에는 아예 발길을 끊어버렸다. 결국 주선자로서 책임감(?) 때문에 내가 원이와 함께 데리고 다니며 챙기게 됐다. 정식으로 후원하는 아이는 아니었지만 자주 데리고 다니며 밥도 먹이고 놀아주다 보니 자연스럽게 궁금증이 생겼다.

원이와 달리 성경이는 부모가 있었다. 아무리 무책임한 부모라도 아이들이 보고 싶지 않을까? 성경이 부모는 가끔 찾아올까? 찾아온다면 무슨 말을 할까? 궁금한 게 많았지만 아이에게 상처가 될까 봐 물어볼 수가 없었다.

그러던 차에 '후원자의 밤'에 초대된 적이 있었다. 후원자의 밤이란, 말 그대로 시설이나 아이들을 후원하는 사람들을 초대해서 감사패도 주고 다과도 먹고 아이들이 준비한 재롱잔치도 구경할 수 있는 연말 행사다. 후원자가 주인공이므로 보육원 아이들은 '재롱부리기 노동'에 동원되는 편이다. 머리가 조금 큰 아이들은 장기자랑하면서 현타 온 듯한 표정을 숨기지 못했는데 내 입장에서는 그런 모습도 퍽 귀여워 보였다.

같은 보육원에 살아도 그런 날이면 아이들 간의 빈부가 드러났다. 후원자가 없는 아이들은 그들끼리 한 테이블에 앉았고 후원자가 있는 아이들은 후원자와 같은 테이블에 앉았다. 나는 그날 원이와 재우(재우는 진원이와 가장 친한 보육원 친구다) 그리고 성경이와 한 테이블에 앉았다. 원이와 재우가 나누는 대화를 가만히 들어보니 보육원에 아이를 맡긴 어떤 부모가 얼마 전에 찾아와서 간식을 돌리고 간 모양이었다. 피치 못할 사정으로 아이를 보육원에 맡기고 가끔 찾아오는 부모가 있을 거라는 내 예상이 맞았다. 이쯤 되니 성경이 부모님 행방이 더 궁금해졌다. 그렇다고 직접 물어볼 수는 없어서 원이 녀석에게 귓속말로 물었다.

"성경이 부모님은 한번씩 찾아오시니?"

말을 해놓고 단 2초 만에 크게 후회했다. 원이 녀석이 큰소리로 "성경이 부모님이 있었어요?"라고 되물었던 것. 그것도 모자라서 성경이에게 "야, 주성경! 너 엄마 아빠 있어? 언제부터?"라며 확인 사살까지 했다. 옆에 있던 재우 녀석은 한술 더 떠서 "어제부터"라며 낄낄댔다. 녀석들은 고아라는 자신의 처지를 희화하며 농담을 했다. 오빠들의 짓궂은 장난에 당황한 성경이는 얼굴이 벌게져서 테이블보만 만지작거렸다.

그날 성경이는 내 질문에 한마디도 대답하지 않았다. 물론 나와 눈도 맞추지 않고 내 얘기에 일절 반응하지 않았다. 내가 경솔했다. 아이들을 너무 몰랐다. 성경이 상황을 좀 더 자세히 안다면 도울 일이 있을 것 같아서 궁금해한 것뿐인데 오히려 상처를 준 것 같아 미안했다. 그 와중에 이벤트를 진행하던 마술사가 한 아이를 무대 위로 불러냈다. 그러고는 마술에 필요하다며 이런 질문을 했다.

"엄마 아빠 어디 계시니?"

어이쿠야. 내 실언만으로도 정신이 혼미하던 차에 마술사의 실수마저 더해지니 등에서 식은땀이 났다. 약 30년 전 하나의 생일파티 장면이 떠올라 집에 가고 싶다는 마음만 간절했다.

평범한 부모를 두고 평범한 가정에서 자란 우리는 너무도 모른다. 일상에서 주고받는 무의미한 질문이 누군가에게는 상처가 되기도 한다. 아이들은 보육원에만 머무르지 않는다. 평생 아이로 멈춰있는 것도 아니다. 지금 우리 옆에도 말 못 할 비밀을 가진 성경, 진원, 재우가 있을지도 모른다.

동정받아야 할 아이는 없다

    평소 친하게 지내는 동생 부부가 어느 날 자기들도 결연후원을 하고 싶다고 조심스럽게 물어왔다. 그들에게는 어린 딸이 두 명 있었기에 적극적으로 반대했다. 나는 동생 부부에게 이미 결연후원보다 더 훌륭한 일을 하고 있음을 설명했다. 내가 후원하는 아이들은 가정에서 제대로 보호받지 못하는 경우인데, 너희는 이미 아이들을 보살피지 않느냐고. 내가 하는 일은 너희 같은 부모 역할을 조금 흉내 내는 것에 불과하다고 덧붙였다. 그래도 정 하고 싶다면 두 딸을 성인으로 키운 뒤 여력이 생겼을 때 하는 게 좋겠다고 권했다.

아이들을 버리거나 학대하지 않고 보살피는 부모들은 이미 선한 영향력을 행사하는 중이라고 생각한다. 그 대상이 자기 자녀들이라서 당연하게 생각하니 인지하지 못할 뿐이다. 그 당연한 것을 못해서 고통받는 아이들이 많은 걸 보면 당연한 일을 한다는 건 무척 어려운 것 같기도 하다.

동생 부부 외에도 결연후원에 동참하겠다는 사람들이 꽤 있었다. 처음에는 나도 뭣 모르고 보육원이며 아이들을 소개해 줬다. 후원자가 많아져서 아이들이 도움을 받을 수 있다면 그 이상 좋은 일이 없다고 생각했기 때문이었다. 그런데 예상과 다른 결과를 지켜보며 인간에 대한 환멸을 느끼기도 하고 때론 죄책감에 시달리기도 했다. 요즘 나는 결연후원을 하겠다는 사람이 있으면 일단 말리고 본다. 그 마음이 예쁘고 고맙지만, 신중히 생각해 보고 시작해야 하는 게 결연후원이다. 일순간의 동정심으로 시작된 후원은 안 하느니만 못한 결과를 가져온다.

초보 후원자 시절, 결연후원에 관심 갖는 사람을 보육원에 소개해 준 적이 있다. 돈이 꽤 많았던 그는 나보다 더 열정적으로 후원 아동을 챙겼다. 경계심 강한 아이들 마음을 여는 데엔 선물이 최고다. 그래서 대부분 후원자가 초기에 아이의 환심을 사려고 이것저것 사주는 방법을 택한다. 나 역시 그랬고 그 또

한 마찬가지였을 것이다. 차이점이 있다면 나는 월급을 받는 입장이었고, 그는 월급을 주는 위치였다는 것. 부와 명예를 가진 그의 열정이 오랫동안 지속됐다면 좋았으련만 너무 빨리 사그라진 게 문제였다. 한번은 원이와 외출했다가 돌아오는 길에 보육원에서 그와 마주친 적이 있는데 나를 보자마자 분노에 가까운 불만을 쏟아냈다. 그도 후원 아동과 외출했다가 돌아오는 길이었다. 밖에서 무슨 일이 있었던 건지 그는 씩씩대며 이렇게 말했다.

"쟤 부모가 나한테 선물 뜯어내라고 교육하는 것 같아!"

그의 말에 따르면 후원하는 아이가 만날 때마다 선물을 사달라고 조른다는 것이었다. 너무 뻔뻔하게 요구해서 얄미울 지경이라고 했다. 당황스러웠다. 어쨌거나 내가 소개해 준 인연이니 일말의 책임감을 느껴서 아이가 부모와 교류 중인지 보육원에 확인해 봤다. 그런데 부모의 방임으로 보육원에 온 후 가족이 찾아오기는커녕 연락조차 안 된다고 했다. 한마디로 부모가 아이를 조종해서 이것저것 시킬만한 상황이 아니었다. 아이는 대개 장난감을 요구했는데 초등학교 저학년이라면 누구나 갖고 싶어 할 만한 것들이었다. 상황을 보아하니 매번 선물을 사주며 환심을 사려했던 행동이 화를 부른 듯했다. 아이 또한 경제력 있는 후원자가 나타나 이것저것 사 주자 욕망을 조절하지 못하고 만날 때마다 선물을 요구한 것으로 보였다. 아이의 요구가 과도했다면 잘 타이르거나 보육원에 상황을 전달해서 주의를 주는 방법도 있었을 텐데, 이 후원자는 초등학생의 욕망을 이해해 주지 못했다. 게다가 사실 확인도 안 한 채 부모의 지시가 있었을 거라고 의심해 사실상 후원을 철회하는 아쉬움을 남겼다.

후원자들의 미숙한 대처도 아쉬움을 남기지만, 순간의 충동을 조절하지 못해 후원자를 떠나게 만드는 아이들도 있다. 진원이 친구 재우는 싹싹하고 붙임성이 좋았다. 원이가 나를 소닭 보듯 대할 때도 재우는 생글생글 웃으며 내게 친한 척을 했다. 그래서 나도 가끔 원이를 도발할 목적으로 재우의 애교에 폭풍 리액션을 해주며 티 나게 예뻐한 적도 있다. 물론 원이는 내가 그러거나 말거나 한결같이 무뚝뚝하게 굴었다. 재우가 워낙 살가워서 후원자가 있을 것으로 생각했는데, 내가 원이를 만나러 보육원에 갈 때마다 재우도 나를 기다리고 있었다. 원이와 외출할 때 거의 매번 재우와 성경이도 동행하게 되면서 한번은 원이에게 재우 후원자에 관해 물은 적이 있었다. 원이 말에 따르면 열세 살이 될 때까지 후원자가 없던 자신과 달리 재우는 후원자가 셋이나 있었는데, 그 중엔 젊고 의욕적인 사람도 있었다고 한다. 그런데 재우는 갖고 싶은 게 있으면 솔직하게 말하지 않고 후원자를 속이는 방법을 썼다. 생일 때 선물받을 수 있다는 걸 악용해 가짜 생일을 알려주고 선물을 받아냈다. 한 명이 속아 넘어가니 다른 후원자에게도, 또 다른 후원자에게도 같은 방법으로 선물을 받아냈다. 문제는 치밀함이 부족했다는 것. 이미 속인 후원자를 또 속이려다가 결국엔 거짓말이 들통났다. 후원자가 품고 있던 동정심은 일순간 분노와 배신감으로 탈바꿈했다. 거짓말의 대가는 혹독했다. 두 명의 후원자가 떠났고 재우에게는 이제 할머니 후원자 한 분만 남았다.

일부 사람들이 후원을 쉽게 생각하는 이유가 이거다. 후원하다가 수틀리면 아이를 방치하거나 금전적 지원을 끊어버리면 된다고 생각한다. 제아무리 아이가 원인 제공을 했다 하더라도 감정적으로 대처하는 후원자를 볼 때면 마음이 무거워진다. 해서, 결연후원을 고민 중인 사람들에게 지면을 빌려 꼭 하고 싶은 얘기가 있다. 일말의 동정심이나 선민의식을 품고 후원을 결정했다면 그 생각을 거둬주길 바란다. 단언컨대 아이들은 착하고 순수하지 않다. 일부는 상상 이상으로 영악하고 현실 파악을 잘한다. 현실 파악을 잘한다는 말은, 어지간히 물렁한 어른 정도는 손쉽게 찜쩌먹을 수 있다는 뜻이다. 이미 상처를 경험한 아이들이다. 찢어진 곳에 여린 마음 대신 냉소와 불신이

돋아나 상흔이 남은 존재들이다. 이런 존재를 천사 같은 아이로 착각해 접근했다가는 등을 돌린 수많은 후원자와 같은 결과를 낳을 것이다.

아이들에게 실망감을 느꼈을 땐 순간의 감정에 휘둘리지 말고 돌아가는 상황을 믿고 냉정히 판단해야 한다. 그 후에 후원을 철회해도 늦지 않다. 나는 지금까지 딱 한 명의 아이를 중도 포기한 적이 있다. 장인이 운영하는 보육원의 아이였는데 여러 차례 편의점 절도를 저질러서 소년 재판을 받던 하림이라는 아이였다. 장인은 어떻게든 하림이를 교화하려고 후원자를 찾는다는 글을 SNS에 올렸다. 하지만 사고나 치는 아이를 후원하고 싶어 하는 사람은 없었고 내가 자원하여 하림이의 후원자가 됐다.

하림이는 자기 생일이 다가오면 카톡 프로필 제목을 '생일 D-××일'로 바꿔놓고 내게 안부 메시지를 보냈다. 그럼 나는 녀석의 생일을 축하해주며 필요한 걸 사라고 용돈을 보내줬다. 이처럼 속이 뻔히 보이는 맹랑함은 어른 입장에서 웃어넘길 수 있는 애교다. 그런데 어느 날 녀석으로부터 전화가 왔다(평소에 녀석은 내게 연락을 잘 하지 않았다). 하림이는 시설 친구와 싸워 보육원에서 쫓겨났으며, 현재는 청소년자립관에 머물고 있다고 했다. 녀석은 자신의 불우한 삶을 장황하게 설명하다가 결국에는 생활비가 없다며 돈을 빌려달라고 했다. 뭔가 이상했다. 첫째, 장인이 운영하는 보육원은 아이들 사랑이 유별난 곳이다. 그런 곳에서 친구와 다퉜다는 이유로 퇴소까지 당했다는 게 미심쩍었다. 둘째, 청소년자립관에서 생활하는 미성년자는 별도의 생활비가 들지 않으며 적게나마 용돈도 나온다는 사실을 나는 알고 있었다. 그러니까 녀석은 상대를 잘못 골라 거짓말을 한 것이었다. 어찌 된 상황인지 알아보려고 장인에게 전화를 걸어 위의 상황을 설명했다. 장인은 하림이가 친구와 다툰 게 아니라 보육원 선생님을 폭행해 쫓겨난 거라고 솔직한 상황을 얘기해줬다.• 그도 하림이가 거처하는 곳을 알고 있었고, 생활비가 필요한 곳이 아님을 알려줬다.

　나는 하림이에게 연락해 돈은 빌려줄 수 없으며 정 힘들면 자립관 선생님들께 도움을 요청해 보라고 했다. 자립관에선 별도의 생활비가 들지 않고 용돈도 나오지 않느냐는 말은 굳이 안 했다. 그날 나는 하림이를 계속 후원해야 할지 고민할 수밖에 없었다. 큰돈은 아니어도 매달 보내주는 후원금이 녀석의 유흥이나 비행에 쓰이는 걸 원치 않았다. 그동안엔 녀석의 깜

• 　정확히는 선생님을 폭행하는 대형 사고를 쳐서 다른 보육원으로 옮겨간 것이다. 교도소로 비유하자면 더 열악한 곳으로 이감된 것으로 보면 된다. 아동복지법상 보육원에 있는 아동을 함부로 쫓아낼 수도 없다.

찍한 거짓말도 모르는 척, 속아주는 척했지만 맹목적으로 믿어주는 것이야말로 아이를 망치는 길이라는 걸 깨달았다. 무엇보다 사람을 이용하다가 신뢰를 잃으면 다른 것도 잃게 된다는 걸 녀석에게 알려주고 싶었다. 부디 하림이에게 작은 교훈이 되었으면 하는 바람으로 그다음 달부터 용돈 후원은 끊었다. 그 후에도 장인을 통해 녀석 소식을 간간이 들었다. 하림이가 어떤 교훈을 얻었는지는 모르겠으나, 더 이상 엇나가지 않고 얌전히 지낸다는 말에 한시름 놓았다.

후원을 결심한 사람 중엔 자기가 신과 같은 아량을 베풀며 아이들을 교화할 수 있을 거로 생각하는데 이것도 착각이다. 우리는 인간이기 때문에 아이들의 사소한 거짓말도 용서하지 못하는 경우가 발생한다. 동정심으로 후원을 시작했다간 아이가 아닌 내가 상처받을 수 있다. 이 모든 것을 온몸으로 체득한 나는 원이에게 동정심을 유발하여 남을 이용하지 말라고 가르친다. 원이 역시 함부로 자신을 동정하는 사람들을 보면 자존심 상한다고 말하면서도 필요에 따라 자신의 처지를 이용해 원하는 걸 얻고자 함을 가끔 보게 된다.

아이들에게 실망할 때마다 나는 앤젤리나 졸리의 말을 떠올린다. 그녀가 난민 봉사 중 한 아이에게 한 말이 한때 회자한 적이 있었다.

"아가야, 네가 불쌍해서가 아니라 이 나라의 미래이기 때문에 도움이 필요한 거야."

나는 이 말을 항상 마음에 새긴다. 만약 누군가를 후원하고 싶다면 동정심부터 버려주길 다시 한번 강조하고 싶다. 우리가 어떤 아이들을 도와야 한다면, 그것은 이들이 우리의 이웃이고 함께 살아갈 사회의 구성원이자 우리의 미래이기 때문이다.

고급 액세서리

원이 외에도 여러 명의 아이와 단체 등을 후원하다 보니 어느새 월급의 20퍼센트가량을 후원금으로 쓰고 있다. 이렇게 열심히 후원하고 있지만 아이러니하게도 기부나 봉사, 후원 활동에 대한 내 인식이 마냥 좋지만은 않다. 정부와 사회가 사회적 약자들을 복지정책으로 지켜줘야 하는데 아직 사회적 합의에 이르지 못하니, 개인들의 선의에 기대어 그들의 금전과 노력으로 약자를 지켜주는 것. 이것을 나는 기부나 봉사, 후원 활동이라 본다.

기부나 봉사는 내가 먹고사는 데 꼭 필요한 것이 아니다. 단지 이런 행위를 함으로써 스스로를 좋은 사람으로 생각하게 되는 심리적 보상이 있고, 주변에서도 사회에 공헌하는 개인이나 기업을 존경의 눈으로 바라본다. 그래서 나는 후원 활동을 고급 액세서리에 비유한다. 생활하는 데 필수적이지는 않지만 몸 담고 있으면 남들이 그럴듯하게 봐주고, 본인의 자존감도 높여주는.

그런데 선의로 시작한 일이라 해도 때론 보상 심리가 발동해 괴리감이 생기기도 한다. 아무 조건 없이 후원한다면서 내가 후원하는 아이가 싹싹하게 굴기를, 내게 감사함을 표하기를, 훌륭하게 자라기를 바란다. 하지만 이런 긍정적 상황은 기대하지 않는 게 좋다.

아이들을 돕기 시작하면서 다른 후원자들과의 접촉면이 늘어났다. 그들 중에는 꾸준히 후원 활동을 하는 사람도 있지만 몇 개월 하는 척하다가 은근슬쩍 포기하는 사람도 많았다. 심지어 어떤 이는 후원을 철회하면서 내게 이런 말까지 했다.

"내가 사람 좀 볼 줄 아는데 쟤는 나중에 커서 엄청난 깡년이 될 거야."

후원하던 아이가 무례하게 굴거나 사고를 친 것도 아닌데 이런 끔찍한 소리를 아무렇지도 않게 하는 걸 보고 소름이 끼쳤다. 게다가 고작 몇 개월 동안 후원한 게 전부인데 아이의 모든 면을 속속들이 아는 것처럼 말하는 게 황당했다. 이 사람은 왜 후원을 시작한 걸까. 미래가 무궁무진한 소녀가 깡년이 될 기미가 보이면 후원자이자 어른으로서 오히려 잘 이끌어줘야 하는 게 아닌가? 한 달에 돈 몇 푼 후원하는 걸로 좋은 사람이란 평을 듣고 싶었던 걸까? 내색하진 않았지만, 일부 후원자들의 후원 의도를 의심하게 됐다.

한번은 지인을 통해 수백억 자산가를 소개받은 적이 있다. 사업이 궤도에 오르고 나이도 중년층이 되니 좋은 일을 하고 싶은데 방법을 모르겠다고 사람을 소개해달라고 했단다. 지인은 나와 그 자산가를 연결해 줬고, 나는 자산가에게 원이가 생활하는 보육원을 소개해 줬다. 자산가는 얼마 후에 보육원 아이들에게 밥을 사고 싶다며 아이들과 선생님이 몇 명인지 물었다. 그러고는 버스 두 대를 빌려 보육원에서 멀리 떨어진 유명 레스토랑에 우리를 초대했다. 가장 저렴한 음식이 15,000원가량, 평균 단가가 4~5만 원 하는 곳이었는데 거기서 40여 명이 넘는 인원에게 밥을 사겠다니 고마웠다.

식당에 도착하니 60대 남자가 여유 있는 미소를 띠며 우리를 기다리고 있었다. 아이들과 밥 먹는 자리인데 군이 정장까지 차려입은 걸 보고, 성공한 사람은 때와 장소에 상관없이 옷

차림을 잘 갖추는 건가 생각했다. 사내는 아이들에게 원하는 음식을 마음껏 고르게 했다. 그러고는 나를 자신의 테이블로 불렀다. 고마운 마음으로 테이블에 찾아가서 정중히 인사했더니 나를 옆에 앉힌 후, 낡은 수첩을 꺼내 받아 적을 준비를 하고는 복지시설 현황 등을 물었다. 지인이 나를 소개하면서 무슨 말을 한 건지는 모르겠지만 번지수를 한참 잘못 찾고 있었다.

나는 보육원 소속 복지사가 아니고 후원하는 아이가 있는 시설을 소개했을 뿐이라고, 나도 평범한 후원자임을 밝혔다. 그런 뒤에 보육원 상황을 알려줄 만한 관계자를 사내에게 소개해 줬다. 사내는 긴 시간 동안 사회복지사를 앉혀놓고 이것저것 캐물으며 뭔가를 받아 적었다. 그러더니 내게 명함을 주며 아이들에게 본인 소개를 하고 싶다고 말했다. 명함에는 모 회사 CEO 겸 모 대학 외래교수라고 적혀 있었다. 여태까지 보육원 관계자와 실컷 대화해 놓고 굳이 내게 명함을 주며 사회자 역할을 강요하는 의도가 궁금했다. 게다가 나는 사회자 역할을 하고 싶어도 할 수가 없었다. 보육원 아이들 40여 명 중 내가 후원하는 아이들 대여섯 명과 친분이 있을 뿐 나머지는 사실상 얼굴도 모르는 관계였다. 그래서 이번에도 사회복지사 선생님께 대신 소개를 부탁했다.

아이들이 접시에 코를 박고 열심히 밥 먹는 와중에 사회복지사 한 분이 마이크를 들고 홀 중앙으로 나섰다. 그러고는 명함에 적힌 내용을 더듬더듬 읽으며 어색하게 사내를 소개했다. 마이크를 넘겨받은 사내는 오늘 처음 본 아이들의 정수리를 향해 이렇게 말했다.

"여러분은 혼자가 아니에요. 희망을 가지세요."

아이들은 이런 상황이 익숙하다는 듯 잠깐 고개를 들고 예의 바르게 "네"하고 대답했다. 그러고는 다시 고개를 박고 열심히 식사를 마무리했다. 그 상황을 지켜본 나는 너무 부끄러워서 얼굴이 화끈거렸다. 이 아이들을 언제 봤다고, 아이들 사정도 모르면서 밥 한 끼 사 먹이고는 희망을 논하는 게 웃겼다. 혼자인 아이들에게 혼자가 아니라니. 오늘부터 이 아이들을 입양이라도 할 셈인가? 자신의 성공에 도취해서 함부로 성공이나 희망 따위를 말하는 어른들을 아이들은 어떻게 생각할까. 마음이 불편했다.

식사를 마치고 보육원으로 돌아갈 버스를 기다리는데 사내가 따라 나왔다. 그러더니 사회복지사에게 기념 촬영을 하고 싶으니 아이들을 모아달라고 했다. 선생님의 부름에 아이들은 익숙하게 4열 횡대로 대형을 맞췄다. 사진 찍을 준비를 마치자 언제 준비했는지 모를 플래카드가 별안간 튀어나왔다. 아이들은 이것조차 예상했다는 듯 플래카드를 들고 사진을 찍혔다.

그날 이후 사내로부터 연락은 없었다. 혹시나 해서 아이들에게 물어봤지만 그 사내가 보육원을 찾아왔다거나 뭔가를 후원한 바가 없었다. 몇 달 후 지방선거가 치러졌고 문득 그 사내가 생각났다. 그가 사업을 한다던 지역구 기초자치단체 의원을 검색해 봤더니 역시나 지역의 유력 정당 이름을 달고 당선되어 있었다. 플래카드까지 준비해서 아이들과 찍었던 사진이 어디에 쓰였을지 짐작됐다. 그는 더 늦기 전에 좋은 일을 해보고 싶었던 게 아니라 후원이라는 고급 액세서리가 필요했던 거다. 그 액세서리가 선거에 도움이 될 것 같으니까.

스스로 좋은 사람이 된 것 같은 자기 만족감 또는 그런 이미지를 얻고 싶어서 후원을 이용하는 사람들이 있다. 아이들에게 돈 몇 푼 쥐여 주면 굽실굽실 비위를 맞추며 자존감을 높여주고 본인을 빛나게 만들어 줄 것으로 기대한다. 착각이다. 아이들은 생각만큼 순수하지 않고 오히려 무뚝뚝하고 쌀쌀맞은편에 가깝다. 당신을 빛내줄 고급 액세서리가 필요하다면 시간낭비하지 말고 다른 곳을 알아보는 게 낫다. 아이들도, 후원도당신을 위한 고급 액세서리가 아니다.

여럿 후원하기 힘든 이유

　누나가 쌍둥이를 낳고 친정인 부산으로 오면서 난데없는 육
아의 세계가 펼쳐졌다. 그것도 내 집에서 말이다. 매형은 직장
이 서울인 관계로 사실상 육아를 함께 할 수 없었고, 당시 나 혼
자 서른 평 아파트에 살고 있어서 누나와 조카들이 생활하기
가 좀 더 편리했다. 내 집과 부모님 댁도 가까워서 낮에는 누나
와 어머니가 쌍둥이를 돌봤다. 낮 동안 체력을 소진한 누나는
밤이 되면 곯아떨어져서 쌍둥이가 동시에 울어도 못 일어나는
경우가 있었다. 그럴 땐 내가 일어나서 조카들을 돌봤다. 누가
쌍둥이 아니랄까 봐 한 녀석이 울면 다른 녀석도 따라 울며 존

재감을 과시하는 통에 혼이 빠질 지경이었다. 그럴 땐 한 팔에 한 명씩 동시에 안고 달래야 했는데, 문제는 아이 하나가 버둥대다가 균형을 잃을 경우 대처할 방법이 없었다. 그래서 두 명을 안아야 할 땐 림보게임을 하듯 허리를 최대한 뒤로 젖혀야 했다. 무시무시한 허리 통증과 맞바꾼 가슴팍 곡선은 조카들이 기대서 잠들기에 충분했다.

아이들이 커도 육아는 여전히 어려웠다. 특히 조카 넷이 한꺼번에 놀러 오는 날엔 뭘 할지 정하는 것부터가 힘들었다. 고등학생과 중학생과 초등학생의 관심사가 다를 수밖에 없고, 심지어 동갑인 쌍둥이조차 취향이 달랐다. 모처럼 삼촌 집에 놀러 온 아이들은 다른 사람을 위해 자신이 하고 싶은 걸 기꺼이 포기하지 않았다. 그렇다고 내가 분신술을 해서 네 명의 조카들을 챙길 수도 없으니, 넷을 통제하며 즐길 수 있는 놀이를 찾아야 했다.

이런 상황은 아이들을 후원하면서도 겪었다. 원래 내가 후원하던 아동은 진원이 뿐이었다. 그런데 원이와 함께 보육원에서 나고 자란 재우도 (보육원의 요청으로) 종종 챙기게 됐다. 원이와 재우는 함께 자란 사이라 친했으니 여기까지는 어렵지 않았다. 그런데 성경이의 후원자가 아이를 방치하며 성경이 또한 내가 챙기게 됐다. 성경이만 데리고 외출하려 하면 보육원에서 성영이(성경이의 바로 아래 동생)도 함께 데려가기를 바랐다. 성경이의 막냇동생들은 밖에 나가기에 너무 어리다는 게 다행인 판이었다. 이렇게 넷을 데리고 다니다가 남주*까지 후원하게 되면서 보육원 아동 40여 명 중 5명을 데리고 다녔는데, 고등학생과 중학생, 초등학생으로 연령대가 구성되다 보니 같이 할 수 있는 걸 정하기가 어려웠다. 게다가 다섯 명 모두와 친해지는 게 사실상 불가능했다. 기껏해야 한 달에 한두 번 주말에 아이들을 만났는데, 여럿이 있을 때 할 수 있는 얘기와 단둘이 있어야 꺼낼 수 있는 얘기가 있었다. 상대를 파악하려면 둘만의 시간이 필요한데 아이들 수가 늘어나면서 정작 원이와도 깊은 얘기를 할 기회가 줄었다.

막내 성영이는 어린 데다 애정이 필요한 아이여서 자기 얘기만 들어주기를 바랐다. 성영이는 내 꽁무니를 따라다니며 쉴 없이 묻고 말했다. 성영이를 상대해 주다 보면 다른 아이들에게 소홀해지기 일쑤였다. 원이는 동생들이 횡단보도 신호를 어기는지, 제대로 따라오고 있는지 챙기느라 바빴다. 이러다간 녀석과도 멀어질 판이었다. 이런 일에 반복되니 원이와 만날

●   '남주'에 관한 이야기는 143쪽에서 자세히 다룬다.

날짜를 정할 때면 이번엔 누구를 데려가는지 매번 물어봤다. 녀석 목소리에 서운함이 실려 있어서 미안한 마음에 생각해 낸 게 홀수 달은 원이와 둘이 만나고 짝수 달은 다른 아이들과 같이 만나는 것이었다. 녀석과 친밀한 관계를 유지하기 위해 내린 결정이었지만 보육원이나 나의 사정으로 이마저도 무산되는 경우가 있었다. 나도 주말엔 부모님 댁에도 들러야 하고 가끔 약속도 있었으며 밀린 집안일도 해야 하고 온종일 쉬고 싶은 날도 있었다. 이 시간을 쪼개서 녀석을 좀 더 챙겨야 할지 고민이었다.

다섯 명과 외출하는 날은 보육원 문을 나서는 순간부터 난관이었다. 유명 맛집이나 인증샷에 관심 없는 녀석들이어서 식당을 정하는 건 상대적으로 쉬웠다. 아이들은 돈가스, 피자, 햄버거 같은 음식을 좋아했다. 문제는 뭘 하면서 노느냐였는데 영화를 보려고 해도 초등학생은 애니메이션을 좋아했고 고등학생은 스릴러나 액션 영화를 보고 싶어 했다.

그 연령대 아이들이라면 대체로 만화책이나 판타지 소설을 좋아할 것 같아서 광안리 바닷가가 보이는 깔끔한 북카페에 데려가 책을 읽히기도 했다. 아이들이 각자 공간에 편하게 누워서 만화책을 보고 있으니 특별히 감시하고 신경 쓸 필요 없이 나도 책을 볼 수 있어서 좋았다. 하지만 매번 북카페만 갈 수 없으니 다른 장소를 물색해야 했다.

　서른 살 무렵, 중학교 동창들과 우연히 연락이 닿아 즉흥적으로 만난 적이 있는데 네 명 모두 음주가무에 취미가 없어서 간 곳이 멀티방(요즘엔 룸카페라고 하던가)이었다. 거기서 과자와 음료수를 무한 리필로 먹으며 닌텐도 게임을 했던 기억이 났다. 초·중·고등학생 중에 게임 싫어할 아이가 있을까 싶어 멀티방에 데려갔더니 녀석들이 좋아했다. 다만, 장소는 적절했는데 초등학생의 순발력으로 중·고등학생과 경쟁할 수 있는 게임이 많지 않았다. 그래서 슈퍼마리오 레이싱 게임만 몇 시간 하다가 나왔다. 매번 혼자서 장소를 고민하다가 원이에게 함께 갈 만한 곳이 없을지 물었더니, 녀석이 방탈출 카페를 가보자고 했다. 수수께끼를 잘 풀 수 있는 멤버가 없는 것 같아서 영원히 탈출 못 하는 게 아닐까 잠시 걱정했다. 내 마음을 읽었는지 원이 녀석이 "똑똑한 제가 있잖아요!"라며 자신만만해했다. 그런데 초등학교 저학년인 성영이를 방탈출 카페에 데려갔다가 진짜로 갇힌 줄 오해해서 울면 곤란할 것 같아서 성영이가 폐소공포증 같은 게 없냐고 물었더니 없을 거라고 했다. 다행히 아이들이 방탈출 카페를 두려워하지는 않았으나 자신만만해하던 원이 녀석이 아무런 도움이 안 돼서 여러 차례 스태

프의 도움으로 겨우 탈출할 수 있었다.

　원이와 둘이 만날 땐 새로운 경험을 선물해 주고 싶어서 바비킴 콘서트에 같이 가겠냐고 물었더니 자기는 콘서트를 안 좋아한다고 했다. 그래서 콘서트에 가본 적 있냐고 물었더니 가본 적이 없단다. 가보지도 않았는데 좋은지 안 좋은지 어찌 아냐며, 한 번쯤 경험해 보는 것도 좋다고 설득했다. 녀석은 사람 많은 곳이 싫다며 끝내 거절했다. 녀석과 한마디라도 더 해보려고 롤(리그 오브 레전드) 게임 프로 경기를 관람하며 지식을 쌓고 게임을 다운로드받아 해보았다. 원이에게 삼촌이 요즘 롤을 배우고 있다며, 롤이 책 읽는 것보다 어렵다고 하니 녀석이 눈을 반짝이며 어떤 챔피언인지 무슨 포지션인지 종알종알 물었다. 아직 초짜여서 컴퓨터와 게임하는 정도라고, '아리'라는 챔피언이 귀여워서 써보고 있는데 너무 어렵고 '가렌'이 상대적으로 쉽다고 했더니, 가렌은 사용하기 쉽지만 도주 스킬이 없어서 아쉽다며 친절하게 설명해 줬다. 확실히 관심사를 얘기하니 반응을 보여서 좋았지만 내가 게임을 즐기지 않는 데다 녀석과 피시방에 나란히 앉아 경기할 수준이 안돼서 힘들었다. 그래서 같이 게임하려던 계획은 포기하고 프로 경기만 지속해서 시청하며 얘기할 수 있는 주제 하나를 늘린 것에 만족했다.

나는 될수록 많은 아이를 후원하고 싶은 욕심이 있었다. 매달 얼마씩 용돈을 보내고 마는 후원이 아니라 아이들을 직접 만나 얘기를 들어주고 조언해 주는 사람이 되고 싶었다. 물리적 거리가 가깝고 내 의지만 있으면 가능할 거라고 믿었다. 그런데 아이들 저마다의 상처와 취향이 다르고 그걸 파악하는 데도 시간이 꽤 걸렸다. 매달 두 번씩 아이들을 볼 수 있는데 후원하는 아이가 다섯 명일 경우 석 달에 한 번꼴로 한 명에게 집중할 수 있는 시간이 돌아온다는 결론이 나왔다. 이게 무슨 의미가 있을까. 너무 뒤늦게 깨달아버린 내가 후회한들 무슨 소용이 있을까.

내 욕심으로 후원 아동이 늘어난 건 이미 엎질러진 물이라 어쩔 수 없지만, 누군가 들뜬 마음으로 처음부터 여러 명의 아동을 후원하려 한다면 이 점을 주지시켜서 한 아이에게 집중할 수 있도록 조언해야겠다고 생각했다.

언제 또 와요?

　처음 진원이를 만났을 때 기대와 설렘이 있었다. 녀석과 놀이공원도 가고 맛있는 것도 먹고 이것저것 가르쳐 줘야지, 장발장이 아닌 평범한 청년으로 자랄 수 있게 도와줘야지 다짐했다. 그런데 사춘기를 지나는 중인지 원래 무뚝뚝한 성격인 건지, 진원이는 내가 보육원에 찾아가도 딱히 반가워하지 않았다. 이것저것 물어봐도 "네, 아뇨, 몰라요."만 앵무새처럼 반복했다. 대화는커녕 녀석이 무슨 생각을 하는지 뭘 좋아하고 싫어하는지 도통 알 수가 없었다. 아이가 나를 반기지도 않는데 뻔질나게 찾아가는 것도 왠지 내키지 않아서 한 달에 한 번 부모님 댁에 갈 때마다 방문하려던 계획이 느슨해졌다. 급기야 두세 달에 한 번으로 방문 간격이 길어지고 말았다. 그러면 녀석으로부터 페이스북 메시지가 왔다.

"쌤 언제 또와여?"

녀석의 문자를 받으면 서운한 마음이 눈 녹듯 사라져서 금방 날을 잡고 원이를 만나러 갔다. 하지만 막상 찾아가면 녀석은 또다시 시큰둥하게 굴었다. 뭐 하고 놀까? 뭘 좋아하니? 물어도 모르겠다고만 하니 녀석의 속을 알 길이 없었다. 그래 놓고는 헤어지면 또 메시지를 보냈다.

"쌤 언제 또와여?"

맞춤법이나 띄어쓰기에는 관심도 없는 녀석이 궁금해하는 거라고는 내가 언제 또 오는지뿐이었다.

언젠가는 문자를 주고받다가 다리가 아파서 어딜 못 돌아다닌다고 말하고는 언제 올 거냐고 묻기에, 너 다리 다 나으면 가겠다고 했다. 그러자 바로 다리가 거의 나았다고 태세 전환을 했다. 방금까지 아프던 다리가 갑자기 나았다며 언제 올 거냐고 보채는 녀석이 당시에는 이해되지 않았다. 그러다가 이성남 작가의 《나는 행복한 고아입니다》를 읽고서야 녀석이 왜 그렇게 날 기다리는지 조금이나마 추측할 수 있었다.

첫째, 나를 만나면 보육원 선생님들의 간섭에서 벗어날 수 있다. 보육원에 있으면 선생님들의 지도에 따라야 하지만 나와 함께 외출하면 그 순간만큼은 자유로울 수 있다. 둘째, 밖에 나오면 바람도 쐬고 맛있는 것도 먹을 수 있다. 보육원에도 영양사가 있고 아이들 건강을 고려한 식단을 제공하지만, 매일 먹는 집밥 같은 느낌일 것이다. 집밥에는 온기라도 있지만 줄 서서 식판에 담아 먹는 밥이 달가울 리 없을 터. 하지만 나와 밖에서 먹는 밥은 단출한 메뉴일지라도 외식이 된다. 셋째, 외출하면 단체활동에 참여하지 않아도 된다. 녀석은 주로 일요일 오후에 만나길 원했는데 오전은 교회에 가고 오후에는 보육원 단체 청소 시간이라 오후에 만나면 청소 노동에서 빠질 수 있었다. 네 번째는 일종의 자존감 획득이다. 후원자가 계속 관심을 갖고 찾아온다는 건 보육원 아이들 사이에서는 자기 위상이 올라가는 일이다. 보육원에 있는 아이들 상황이 고만고만하지만 그 와중에도 서로를 비교한다. 언젠가 원이를 데리고 외출하던 날, 순하게 생긴 예닐곱 살 정도의 여자아이가 "오빠야, 좋겠다."라며 부러워한 적이 있었다. 아이들 사이에서도 누구 후원자가 자주 찾아오고, 선물도 사주는 상황을 비교하며 부러워하고 우쭐해하는 것이다.

　나는 녀석의 검은 속내(?)를 알고도 모르는 척, 시간 날 때마다 원이를 만나려고 노력했다. 그런데 약속을 잡으려 해도 녀석의 시험 기간이나 보육원 내부 프로그램으로 거부되거나, 이미 약속되었던 일정이 보육원 사정으로 갑작스럽게 취소되는 경우도 있었다. 또한 내가 한 달에 한 번 이상 원이를 찾아가자 보육원에서 조심스럽게 양해를 구한 적도 있었다. 후원자가 아예 없거나 후원자가 있어도 한 번도 안 찾아오는 아이도 있는데, 내가 수시로 드나들면 다른 아이들이 느낄 상대적 박탈감을 고려해서였다. 그래서 녀석이 매번 연락을 해와도 보육원과 나 사이에는 암묵적으로 한 달에 한 번만 원이를 데리고 외출하는 룰이 생겼다(이 룰은 내가 후원하는 아이가 늘면서 자연스럽게 사라졌다).

원이와 외출하는 날엔 필요한 게 있는지 묻고 원하는 걸 사줬다. 녀석 또한 애당초 불필요하거나 고가의 물건을 요구하지 않았고, 꼭 필요하거나 갖고 싶은 걸 몇 날 며칠 고민하다가 말하는 눈치였다. '네, 아니요, 몰라요.'만 말하는 아이 입에서 갖고 싶은 물건 이름이 나올 때만 기쁜 마음마저 들었다. 그러나 필요한 걸 사줄 때도 보육원의 규칙과 함께 생활하는 아이들의 감정까지 배려해야 했다. 너무 비싼 걸 사주면 부러움과 시기의 대상이 될 수 있었다. 보육원에서도 그 부분을 걱정하며 특정 아이에게만 주어지는 선물이라면 적당한 가격의 물건을 사주길 원했다. 문제는 보육원의 입장과 원이의 바람이 달랐다는 것.

중학생이 된 녀석은 자신이 입은 옷과 친구들이 입은 옷의 브랜드 가치 차이를 알고 있었고, 그래서 풀이 죽어 있었다. 같은 동네에 살지만 자신의 위치(보육원)와 친구들의 위치(아파트 단지)를 인지할 수 있는 나이가 되며 성격마저 비관적으로 변하고 있었다. 녀석은 하굣길에 자신이 보육원으로 들어가는 걸 누구에게도 들키지 않으려고 애썼다. 친구들에게 매번 거짓말을 하고 동네를 배회하다가 주변을 살피고 집(보육원)에 들어가는 게 너무 피곤하다고 토로했다. 녀석의 자존감을 높여주고 싶은데 방법이 떠오르지 않았다.

몇 개월 후 겨울용 코트가 녀석에게 필요해 보여서 스포츠용품 매장에 들렀는데 원이의 시선이 한곳에 고정됐다. 녀석을 홀린 제품은 40만 원이 훌쩍 넘었다. 코트 재질이나 브랜드 이미지를 생각했을 때 적당한 가격이었다. 하지만 보육원에서는 고가로 받아들일 수 있어서 다른 아이들이 질투하거나 그들에게 위화감을 주지 않을까 걱정됐다. 게다가 사실 나도 지금까지 20만 원 넘는 코트를 사본 적이 없다. 계절이 바뀌고 심지어 해가 바뀔 때까지 기다렸다가 이월상품 할인이 시작되고서야 지갑을 연다. 물론 고가(고가라고 해야 50만 원 미만이다)의 코트가 한 벌 있긴 있다. 고등학교 졸업 겸 대학 입학 선물로 어머니가 사주신, 20년이 훌쩍 넘은 코트다. 어머니와 백화점에 가서 입어본 코트가 너무 가벼우면서도 따뜻해 마음에 쏙 들었다. 문제는 가격이었다. 그 당시 우리 집은 40만 원 넘는 돈을 옷값으로 쓸 만큼 여유롭지 않았다. 그래서 사달라는 말은 차마 못 하고 괜스레 코트 주변을 서성였다. 내 마음을 눈치챈 어머니는 결국 그 코트를 사주셨다.

원이를 보자 당시 어머니가 어떤 마음으로 코트를 사주었을지 조금이나마 이해할 수 있었다. 갖고 싶다는 말도 못 하고 눈치만 보는 아이가 짠했을 것이고, 나는 누추해도 내 자식은 번듯하길 바라는 마음으로 한 달 생활비 절반에 이르는 금액을 쓰셨을 터. 그날을 떠올리며 어머니의 마음을 녀석에게 베풀어 보기로 했다.

다행히 할인 상품이어서 30만 원대로 코트를 살 수 있었다. 세상 무뚝뚝한 녀석이 기쁨을 감추지 못하는 걸 보고 조금 놀랐다. 좋아하는 녀석을 보니 나도 뿌듯했지만 다른 아이들이 걱정됐다. 그래서 곧바로 가격표를 떼고 원이 녀석 입단속을 시켰다.

"학교 친구들이 가격을 물어보면 40만 원에 샀다고 말해. 그리고 보육원 선생님이나 애들이 물어보면 30만 원짜린데, 할인받아서 20만 원에 샀다고 해. 이건 우리 둘만의 비밀이야. 보육원 선생님들이 너무 비싼 거 사주지 말라고 했는데, 40만 원짜리라는 걸 알게 되면 삼촌하고 선생님들하고 신뢰가 깨져. 신뢰가 깨지면 다음엔 이런 걸 못 사줘. 무슨 말인지 알겠지?"

그날 처음으로 녀석과 나만의 비밀이 생겼다.

누군가는 말한다. 그러다 애들 버릇 나빠진다고, 싼 걸 사주라고, 없는 애들이 주제넘게 눈만 높아진다고, 네 옷이나 먼저 사 입고 남는 돈을 기부하라고. 맞는 말이다. 그러나 내 생각과는 다른 말이다. 평범한 가정에서 자라는 아이들은 본인이 요구하지 않아도 때가 되면 부모가 적당한 걸 사준다. 하지만 원이에게는 그런 사람이 나밖에 없다. 그마저도 한두 달에 한 번밖에 못 만나니 그때마다 필요한 걸 사준다고 해도 보통의 아이들보다 부족할 것이다. 또한 나이가 어려도 자기 취향이 있다. 보육원에 산다고 해서 취향마저 가난해야 한다고 생각하지 않는다. 후원자는 돕는 역할을 할 뿐 저변에 선민의식이 깔려 있으면 안 된다. 그런 후원은 얼마 못 가 의미를 잃는다.

느그 아부지 뭐 하시노?

"느그 아부지 뭐 하시노?"

영화 〈친구〉에 나왔던 이 대사는 오랜 시간이 지났음에도 생명력을 가지고 패러디 소재가 됐다. 우리는 부모의 직업이나 경제력이 자녀의 삶에 큰 영향을 미친다는 걸 잘 알고 있다. 이는 자식이 사회생활을 시작하는 순간부터 적용된다. 언론에 나오는 사회 유력계층 자녀의 특혜 의혹 같은 거창한 내용이 아니더라도 차별은 일상 곳곳에 퍼져있다. 평범한 가정에서 태어나 자란 사람이라면 부모의 지위에 따라 또래가 우대받거나, 본인이 차별받은 기억 하나쯤은 있을 것이다. 나 역시 살면서 그런 광경을 종종 목격했다. 일진 놀이에 심취한 학생에게 "느그 아부지 뭐 하시노?"를 시전했다가 '기자'라는 대답에 태도가 누그러지던 선생님, 품행이 불량한 급우가 선도부로 활동하는 게 의아했는데 알고 보니 어머니가 치맛바람 좀 날리던 '있는 집' 자식이었던 것, 훈련소에 있을 때 간부들이 훈련병 중 대령급 이상의 가족이 있는지 확인하는 걸 봤을 땐 아버지가 더 승진하지 못하고 예편하신 걸 살짝 아쉬워했다. 그런데 "느그 아부지 뭐 하시노?"라는 질문이 더욱 두려운 집단이 있다. 보육원에서 생활하는 아이들이다.

원이의 학교 친구들은 녀석이 고아라는 걸 몰라서 대화 중에 부모님 얘기가 나오면 두 분 다 회사원이라고 거짓말을 했단다. 녀석의 담임선생님만 원이가 보육원에서 산다는 걸 알고 있었다. 녀석이 뻔뻔하게 거짓말할 수 있었던 건 태어날 때부터 고아였기 때문이었다. 원이에게 부모란 처음부터 없던 존재였으니 가상의 캐릭터를 만들고 부수는 데 죄책감이 없었다.

내게는 원이 말고도 일곱 명의 후원 아동이 더 있었다. 이 아이들로 말할 것 같으면, 후원자로부터 방치된 녀석들을 하나둘 챙기다 보니 어느 순간 일곱이 되어 있었다. 물론 모든 아이에게 금전후원을 한 건 아니고 원이와 외출할 때 함께 데리고 다니며 밥도 먹이고 도서관에 가서 책을 읽히기도 했다.

내가 일곱 명의 아이를 적극적으로 후원하지 않았던 이유는 개개인의 상황이 달랐기 때문이다. 보육원에 산다고 해서 모두 고아는 아니다. 원이나 재우처럼 태어나자마자 시설로 보내진 경우가 오히려 드물다. 일례로 성경이 남매는 엄연히 부모가 있었고, 다른 아이들도 제대로 된 역할을 못 할 뿐 부모가 존재했다. 이처럼 보호자가 있는 아이들을 내가 후원할 이유가 없었고 아이들 또한 부모에 대한 기억과 애정이 있었다. 아버지가 알코올 중독이든 어머니가 무심하든 간에 어쨌든 부모와 함께 살았던 기억을 가진 아이들은 부모를 다른 존재로 쉽게 묘사하지 못했다. 있는 부모를 없다고 말하거나 직업을 속이는 등 거짓말에 능숙하지 않았다. 그렇다고 어른들 질문에 떳떳하게 대답하는 것도 아니었다. 아버지 뭐 하시냐는 질문에 알코올 중독으로 병원에 누워있다는 말을 어떻게 쉽게 하겠는가.

후원하는 아이가 늘수록 나는 점점 질문을 안 하게 됐다. 좀 더 정확히 말하자면 묻지 못했다. (내 입장에서) 가벼운 질문에도 당황해서 우물쭈물하는 아이들을 보고 있으면 침묵이 금이라는 명언이 절로 떠올랐다.

원이가 중2쯤 되었을 때 어느 날 뜬금없이 내게 물었다.

"쌤 얼마 벌어요? 몇 급이에요?"

당황스러웠다. 당시 삼십 대 초반이었던 데다 내가 근무했던 직장은 승진이 늦어서 근무한 지 7년 차임에도 8급밖에 되지 않았다. 직급이 낮으니 월급도 당연히 적었다. 자동차도 없어서 원이와 다닐 때 매번 걷거나 대중교통을 이용할 때였다. 그런 걸 왜 묻느냐고 했더니 같은 보육원에 있는 친구의 후원자 얘기를 꺼냈다. 아무개의 후원자가 수천억 원에 달하는 공장을 가지고 있고 벤츠도 태워줬다며 원이에게 자랑했단다. 생각해보니 보육원에 드나드는 후원자 대부분은 외제차를 끌고 왔고 나이도 50대 이상의 누가 봐도 성공한 사업가였다. 자원봉사자를 제외하고, 후원자로 보육원을 방문하는 사람 중 나 같은 월급쟁이 소시민은 없었다. 그때 깨달았다. "느그 아부지 뭐하시노"가 이곳에도 존재하는구나. 아니, "느그 후원자 뭐 하시노?"라고 해야 할까.

원이가 악의를 갖고 한 말은 아니었지만 자존심이 상했다. 그래서 둘러 얘기했다.

"너 필요한 거 사줄 만큼은 벌어. 삼촌이 지금은 8급인데 조금 있으면 7급 승진하거든. 7급 승진하면 법원 계장이 돼. 너한테 무슨 문제 생겼을 때 지켜줄 힘은 있어."

원이는 '법원 계장'이라는 단어에 꽂혀서 휴대폰으로 뭔가를 열심히 검색했다. 그러더니 "우와! 법원 계장이면 검사랑 동급이네요!"라며 기뻐했다.

이게 무슨 뚱딴지같은 소리인가 싶어서 녀석의 휴대폰을 빼앗아 읽어봤더니 네이버 지식검색에 '검사랑 법원 계장이랑 비슷한 급수'라는 황당한 답변이 올라와 있었다. 가짜뉴스가 이런 식으로 만들어지고 이토록 어이없는 말에 속는 사람이 있다는 걸 직접 목격한 순간이었다. 그럼에도 나는 원이에게 '법원 계장은 그냥 법원에서 일하는 6~7급 공무원이야. 검사 끗발과는 아예 비교조차 할 수 없는 낮은 자리란다'라는 말을 차마 못 했다. 없는 존재를 '회사원'이라고 속여 말하는 것보다 '법원 계장'이라는 실존 인물에 의지하도록 두는 게 낫겠다는 생각이었다. 부모라는 캐릭터를 만들고 삭제하는 데 거리낌 없는 녀석이니 "우리 아빠 법원 계장이야, 우리 삼촌 법원 계장이야"라고 말할 날이 오지 않을까. 어차피 다른 아이들도 법원 계장이 뭔지 잘 모를 테니 네이버에 올라온 가짜 정보를 읽고 "와, 원이 아부지 대단한 사람이네, 원이 후원자 대단한 사람이네."하며 녀석을 괴롭히는 일 따위 없으면 좋겠다고 생각했다. 물론 졸지에 검사급이 돼버린 나는 한없이 초라하고 부끄러워지겠지만 부끄러움은 나의 몫으로 남겨두기로 했다.

검사급(?) 법원 계장이 되고 몇 년 후 녀석과 외출했다가 돌아가는 택시 안에서 원이가 뿌듯한 표정으로 말했다.

"복지사 쌤들이 그러는데 쌤은 좋은 사람이래요."

너무 뜬금없어서 무슨 소리냐고 물었더니 나처럼 꾸준히 찾아오는 후원자가 거의 없다고 했다. 수년 전 원이가 부러워하던, 수천억 공장을 가진 후원자를 둔 친구는 어떻게 됐냐고 물었더니 그 후원자는 더 이상 찾아오지 않는다고 했다. 찾아오지 않는다는 의미가 만나러 오지 않는 건지, 금전적 지원을 끊은 건지, 둘 다인지 다시 물었다. 원이는 자세히는 모르지만 돈만 보내고 찾아오지 않는 사람도 있는 것 같고, 금전적 지원도 연락도 모두 끊어버린 사람도 있는 것 같다고 했다. 그러면서 옛날에는 돈 많은 후원자를 둔 친구들이 부러웠는데 요즘은 오히려 그 친구들이 자기를 부러워한다고 했다.

그날 이후로 나는 다른 후원자보다 돈이 적고 사회적 지위가 낮음을 부끄러워하지 않았다. 최소한 나는 이 아이를 포기하지 않았으니까. 든든한 검사급 계장이 되어 아이를 지키고 있으니까.

독서 전쟁

"쌤은 요리 잘하세요?"

원이가 이 질문을 했을 때 무척 기뻤다. 드디어 마음의 벽을 허물고 속 깊은 얘기를 꺼내는구나 싶었다. 녀석을 후원한 지 2년이 흘러 원이는 중학교 2학년이 되었다. 초등학교 때 어느 정도 성적을 유지하던 원이는 중학교에 입학하면서부터 성적이 반에서 최하위권을 달렸다. 공부하라는 소리가 목구멍까지 올라왔지만 꾹 참을 수밖에 없었다. 기껏해야 한 달에 한 번 보는 후원자가 매번 잔소리를 늘어놓는다면 녀석이 더 거리두기를 할 것만 같았다. 보육원에 공부할 여건이 갖춰져 있을 거란 기대 역시 없었다. 녀석이 열심히 공부하기를 바라는 건 순전히 내 욕심이었다.

그래도 녀석의 미래가 걱정돼서 장래 희망이 뭔지, 무슨 과목을 좋아하는지 정도는 물어봤다. 좋아하는 게 있다면 학원을 보내든 그와 관련된 조언을 해줄 참이었다. 그런데 원이는 너무 당당하게 "저는 태어나서 지금까지 뭔가를 해보고 싶었던 적이 한 번도 없었어요."라고 대답했다. 맥이 빠졌다. 녀석은 후원자를 참으로 무기력하게 만드는 불성실한 소년이었다. 살갑지도 않고 뭘 사줘도 시큰둥했으며 필요한 걸 물어도 모르겠다고만 했다. 게다가 하고 싶은 것도 꿈도 없단다. 아무런 의지가 없는 아이를 후원하는 게 무슨 의미가 있을까. 이거야말로 밑 빠진 독에 물 붓기가 아닌가. 그때 나는 잠깐 후원이 참 보람 없고 힘든 것이라고 생각했다. 어쩌면 여태까지 원이를 후원한 사람이 없었던 게 아니라, 사실은 모두가 지쳐서 포기하고 떠난 게 아닌가 하는 의심도 들었다. 하지만 그런 생각이 들수록 녀석의 마음의 벽을 허물어 보겠다는 이상한 오기도 생겼다.

그러던 중에 요리에 대한 관심을 표명한 것이었다. 나는 신이 나서 옛날엔 남자가 주방에서 일하는 걸 달갑지 않게 여겼지만, 요즘은 요섹남으로 불린다며 요리 예찬론을 시작했다. 이연복 셰프도 본인 노력으로 자수성가하지 않았냐며, 노력을 이기는 건 없다고 설교했다. 또 요리와 관련된 직업도 여러 가지가 있음을 알려줬다. 영양사가 되어 급식 식단을 짜거나 기업 메뉴개발팀에서 일할 수도 있고, 프랜차이즈 레스토랑에 알바로 입사해서 점장까지 오른 지인의 일화도 얘기해줬다.

그렇게 한참을 떠들다가 녀석에게 왜 요리하고 싶은지 물었더니 "요리 잘하면 굶어 죽지 않는다고 해서요."라는 답변이 돌아왔다. 순간 가졌던 기대감이 절망감으로 바뀌었다. 이제 겨우 중학생이 된 소년은 꿈이 아닌 생존을 얘기하고 있었다. 보육원에서 퇴소한 후 오갈 데도, 돈도 없어 굶어 죽을 상황을 가정하며 그나마 밥은 먹을 수 있는 요리를 배우고 싶어 했던 것이다.

원이가 사는 곳은 빈곤과 기아에 허덕이는 아프리카의 어떤 나라가 아니다. 1인당 국민소득이 3만 달러가 넘고 세계에서도 경제 대국에 속하는 21세기의 대한민국이다. 이런 나라의 사회복지시설에서 생활하는 중학생은 미래에 굶어 죽지 않을 방법을 고민하고 있었다. 씁쓸함이 밀려왔다. 불현듯 한 손에 빵을 움켜쥐고 거리를 달리는 장발장과 원이의 얼굴이 오버랩 됐다가 사라졌다. 상상만으로도 끔찍했다. 이 아이에게 내가 지금 당장 뭘 해줄 수 있을까.

나는 녀석에게 밥은 삼촌이 먹여줄 테니 굶어 죽을 걱정할 시간에 네가 좋아하는 일을 찾아보라고 했다. 이왕이면 자신이 열성적으로 좋아하는 일이 진로가 되는, 소위 '덕업일치'가 되면 인생이 좀 더 즐겁다고 했다. 그러고 나서 몇 달이 흘러 관심 분야가 생겼냐고 물었더니 아직 잘 모르겠다고 했다. 좋아하는 일을 어떻게 찾아야 하는지 그 방법을 먼저 알려줘야 할 것 같았다. 세상에 뭐가 있는지도 모르겠고, 뭘 해본 경험도 없을 땐 간접경험만큼 좋은 게 없다고 말해줬다. 물론 직접 부딪치며 경험해 보는 게 가장 좋은 방법이지만 녀석은 그럴 형편이 못 됐다. 그래서 일단 책을 많이 읽으라고 했다. 세상의 모든 경험이 책 속에 있고 새로운 걸 알게 되거나 사고를 확장하는 데 독서만큼 뛰어난 건 없다. 책은 도서관에서 무료로 빌리거나 서점에서 공짜로(?) 읽을 수도 있으니 돈 안 들이고 꿈도 찾을 수 있는 훌륭한 도구였다. 윈이에게 평소에 책은 좀 읽느냐고 물었더니 진저리 치며 고개를 저었다. 녀석의 반응을 보니 험난함이 예상됐지만 그대로 포기할 수는 없었다. 어떻게든 녀석이 책과 친해지도록 만들어야 했다.

태어나서 지금까지 뭔가를 해보고 싶었던 적이 단 한 번도 없었다던 녀석의 생일이 다가오고 있었다. 뭘 사줘야 할까? 고민하다가 본인이 원하는 걸 사주는 게 가장 좋을 것 같아서 물어봤더니 최신형 핸드폰을 얘기했다. 그건 보육원에서는 바라지 않는 거였다. 이전에도 원이와 편하게 연락하고 싶어서 핸드폰을 사주려고 했는데 보육원에서 달가워하지 않았다. 그래서 보육원의 규칙과 룰을 거스르지 않고, 다른 아이들이 박탈감을 느끼지 않도록 절충한 게 중고폰이었다. 원이는 중학교에 다니는 내내 내가 사준 중고폰을 사용했다. 그러다가 생일을 앞두고 다시 최신형 휴대폰을 말한 거였다. 이번에도 의견을 절충해서 책가방으로 협의했다. 예전에는 내가 적당한 걸 골라 주었는데 이제는 녀석도 자기만의 취향이 생겨서 갖고 싶은 게 있으면 직접 고른 뒤 링크를 보내온다. 중저가의 검은색 책가방을 골랐는데 튀지 않고 무난해서 바로 주문해 줬다.

　며칠 뒤 녀석이 새 가방을 메고 찍은 인증샷을 보내왔다. 생각했던 것보다 훨씬 커서 책이 많이 들어가겠다고 하니 요즘에 누가 책을 짊어지고 다니느냐며 사물함에 두고 다닌다고 했다. 그럼 책가방엔 뭘 넣어 다니는 걸까? 궁금했지만 잔소리로 받아들일까 봐 묻지 못했다. 그저 책을 많이 읽고 내용을 머리에 담으라며 독서를 습관화할 것을 주문했다.

　내가 녀석에게 유일하게 강조한 건 '독서'였다. 공부하라는 잔소리는 안해도 책 읽으라는 말은 꾸준히 했다. 어린 시절부터 독서로 쌓아 올린 지식이 삶의 여러 순간에 큰 도움이 됐기에, 틈만 나면 원이에게 독서의 중요성을 강조했다. 그런데 내가 아무리 잔소리해도 녀석은 책 읽는 걸 싫어했고 어쩌다 한 번 읽어도 내용을 잘 이해하지 못하는 것 같았다. 일반 인문서가 어려운가 싶어서 판타지 소설은 읽느냐고 물었더니 판타지는 재미있다는 반응을 보였다. 희망이 보이는 것 같았다. 판타지 소설 중에 뭐가 재미있었냐고 물었더니 〈반지의 제왕〉과 〈나니아 연대기〉를 영화로 봤다며, 영화랑 책이랑 똑같은 내용 아니겠냐고 되물었다. 그렇겠지. 똑같은 내용이겠지. 녀석은 내가 독서를 강조하는 이유를 파악하지 못한 듯했다. 원이를 앉혀놓고 내가 독서에 빠지게 된 의외의 계기를 말해줬다. 너무 장황하게 늘어놓으면 또 '설명충'이라고 할 것 같아서 녀석 눈높이에 맞춰 얘기할 필요가 있었다.

"삼촌이 초등학교 때 처음으로 직접 고른 책이 앤드루 카네기 위인전이거든. 카네기가 뭐 하는 사람인지도 몰랐는데 왜 그 책을 골랐냐면, 표지에 제복 입은 군인 사진이 간지였던 거지. 삼촌 어렸을 때 꿈이 군인이었거든. 군인 그림이 많을 줄 알고 고른 건데 사진도 없고 전쟁 얘기도 안 나오는 거야. 다음 장에는 나올까? 그다음 장에는 나올까? 계속 기대하면서 넘기다 보니 한 권을 다 읽어버렸어. 근데 끝까지 안 나오더라. 알고 보니 카네기는 군인이 아니라 강철을 파는 사업가였던 거야. 한

마디로 표지에 낚여서 책을 다 읽은 거였는데 그때 처음으로 독서의 재미를 느꼈다. 그 후엔 제복 입은 군인이 잔뜩 나오는 한국사, 세계사 만화책을 팠어. 만화책은 그림이 많잖냐. 웃긴 게 뭔 줄 알아? 그때 쌓은 지식으로 삼촌은 고등학교 때까지 한국사, 세계사 과목은 전교 5등 안에 들었어. 공무원 시험 볼 때도 인강 한 번 들은 거 외엔 시간 투자를 안 했는데 고득점이 나왔지. 독서 습관을 들이면 삶의 여러 순간에 큰 도움이 돼. 글 읽는 게 정 힘들면 그림이라도 보겠다는 마음으로 책을 읽어 봐. 넌 요리에 관심 있으니까 요리책 사진을 봐도 좋고."

원이는 요리를 잘하면 굶어 죽지 않는다고 해서 물어본 것일 뿐, 정작 본인은 요리하는 취미가 없다고 했다. 그러면 게임 만드는 프로그래밍 책 중 만화로 된 걸 찾아주겠다고 하니 자기는 뭘 만드는 재주도 없다고 했다. 이런 걸 소귀에 경 읽기라고 하던가. 끈질긴 설득에도 녀석은 끈질기게 책 읽기를 거부했다. 말로만 해서 이러나 싶어 서점에 데려가 읽고 싶은 책을 직접 고르게 했다. 읽고 싶은 책이 없다기에, 네가 읽을 수 있을 것 같은 책을 고르라고 했다. 녀석은 청소년 권장도서 서가에서 책 한 권을 꾸역꾸역 골랐다.

책을 사주고 두 달 후쯤 얼마나 읽었는지 물으니 사분의 일 정도 읽었단다. 왜 그것밖에 못 읽었느냐고 했더니 내용이 너무 어렵고 그동안 바빴단다. 방과 후 학원에 가거나 알바를 하는 것도 아닌데 뭐가 바빴을까. 녀석은 또 책을 읽어도 무슨 말인지 잘 몰라서 책 읽기를 자꾸 미루게 된다고도 했다. 제아무리 청소년 권장도서이고 녀석이 직접 골랐다 해도 독서 습관이 잡히지 않은 원이에겐 검은 건 글자요 흰 건 종이로 만들어진 물체에 불과했다. 녀석을 보며 책을 고르는 것도 책 읽는 취미가 있는 사람이 가질 수 있는 능력이라는 걸 깨달았다. 그래서 내가 직접 책을 골라주는 게 낫겠다고 판단, 인문이나 실용서보다는 재미있게 접근할 수 있는 소설을 추천하기로 했다. 중학교 3학년 정도면 읽을 수 있을 거라고 판단해《죄와 벌》을 사 줬는데, 자신이 죄를 지어 벌을 받는 것 같다며 책 읽기를 힘들어했다. 녀석이 추리물이나 스릴러 영화를 좋아하던 걸 기억해서《셜록 홈스》를 사줬더니 그나마 들춰보는 시늉을 했다.

원이는 나와 외출할 수 있는 주말을 손꼽아 기다렸는데 나는 그 점을 이용하기로 했다. 사 준 책을 다 읽어야 만나러 가겠다고 하니 2주 후에 연락이 와서는 성경이가 책을 다 읽었으니 데리러 와 달라고 했다. 너는 다 읽었냐고 물으니 자기는 죽을 때까지 다 못 읽을 것 같다며, 성경이가 책을 더 읽고 싶어 한다는 말로 대화 주제를 돌렸다. 나는 다시 녀석의 독서로 대화 주제를 가져와, 그럼 죽어서라도 마저 읽을 수 있게 네 무덤에 책을 같이 묻어주겠다고 했다.

원이와의 독서 전쟁은 이후로도 꾸준히 이어졌다. 이도 저도 힘들면 만화책 그림이라도 보라며 만화카페에 가기도 하고, 도서관이나 서점에 가서 책도 읽히고 사주기도 했다. 일상 대화에서도 '책'이라는 단어를 숨 쉬듯 이야기했다. 크리스마스를 앞두고 뭐 하고 싶은지 물었더니 재미있는 걸 하고 싶다고 했다. 녀석에게 재미있는 책을 함께 읽자고 제안했더니 답이 없었다. 원이는 나를 만나지 않는 주말이면 어김없이 문자를 했다. 외출을 안 하면 보육원 청소에 동원되니 잔꾀를 부리는 것이었다. 문자 내용도 특별할 게 없었다. 쌤 뭐 하세요? 혼자 재미있는 거 하세요? 묻기에 재미있는 책을 읽는 중이라고 하니 답이 없었다.

수개월이 흘러 원이는 뜬금없이 《의궤 살인사건》이라는 소설을 읽는 중이라고 했다. 내가 사준 책이 아닌데 스스로 읽는다는 게 반가워서 재미있는지 물었더니 이해가 안 된다고 했다. 책도 계속 읽어버릇해야 집중도 잘되고 이해력도 좋아진다고 설명하니 다 읽고 다시 읽겠다고 했다. 같은 책을 여러 번 읽는 것도 좋은 습관이라고 칭찬했다. 이후에도 종종 책 좀 읽고 있느냐고 물었더니 신통치 않게 고개를 끄덕였다. 무슨 책인지 물으면 거의 추리소설이었다(실제로 읽었는지는 알 수 없다). 추리소설도 좋지만 다양한 분야를 접하는 것도 중요하다고 얘기했다. 나도 어렸을 때 역사책만 좋아하는 독서편식이 있어서 그걸 고치는데 꽤 고생했다. 누나에게 붙들려 일주일에 두 편씩 독후감을 써야 했는데 역사책은 안 된다는 조건이 붙었다. 처음엔 역사책 금단현상 때문에 어떤 분야를 읽어도 머릿속에 안 들어왔지만, 누나의 하드트레이닝으로 독서편식을 고칠 수 있었다. 나쁜 습관을 바로잡는 데도 시간과 에너지가 필요하니 처음부터 습관을 잘 들여놓으면 나중에 고생하지 않는다고 말해줬다.

이토록 끈질기게 노력했건만 녀석과의 독서 전쟁에서 참패하고 말았다. 독서의 중요성을 아무리 강조해도 녀석은 귀담아듣지 않았다. 기껏해야 한 달에 한두 번 보는 후원자의 한계인 것처럼 느껴져 속상했다. 그렇다고 보육원에 더 많은 역할을 기대할 수도 없었다. 시설엔 다양한 연령층의 아이들 수십 명이 공동생활하는데 선생님 수는 턱없이 부족했다. 아이들 개개인의 잠재력을 찾아 능력을 키워주기보다 사고나 치지 않게 관리하는 것이 우선인 듯했다. 현실이 이러니 주말에 후원자가 별도의 프로그램(외식, 영화관람, 놀이동산 등)을 운영하지 않으면 아이들은 보육원 청소 또는 잡초 뽑기에 동원되거나 누워서 빈둥대며 무료한 시간을 보냈다.

또 한편으로 누나가 나에게 했던 것처럼 강제로 독서하게 만들어서 습관으로 굳히는 게 요즘 시대에 가능할지 의문이었다. 누나와 나는 가족이어서 '독서라이팅'이 가능했지만, 보육원 교사들이 아이들에게 이런 것을 지속해서 강요했다간 아동학대로 신고당하지 않을까 생각했다.

독서를 원이의 취미로 만들려던 계획은 실패했지만, 이것이 개인의 실패로 끝나서는 안 된다. 보육원에서 생활하는 아이들의 미래를 위해 책을 가까이할 수 있는 프로그램을 개발하여 생활지도할 필요가 있다. 후원자들도 아이들이 욕구를 해소하고 정서를 함양할 수 있도록 책과 친해질 방법을 고민해야 한다. 독서의 중요성은 아무리 강조해도 지나치지 않다.

사실은 부르고 싶었던

"쌤이랑 같이 다니는 걸 친구가 보면 뭐라고 하죠?"

원이는 종종 이런 질문을 했다. 내 대답은 항상 똑같았다.

"외삼촌이라고 해."

원이의 학교 친구들은 녀석이 고아라는 걸 몰랐다. 나도 녀석의 비밀을 지켜주고 싶어서 혹시 모를 상황에 대비해 그럴듯한 호칭을 고민해야 했다. 원이와 나는 열아홉 살 차이가 났다. 아빠라고 하기엔 나이 차이가 적었고 친삼촌이라 하기엔 성이 달랐다. 그래서 외삼촌으로 부르라고 했다. 네가 삼촌이라고 부르면 다른 거짓말은 내가 얼마든지 만들 수 있다고 했다. 그러나 원이는 매번 똑같은 걱정과 똑같은 질문만 반복할 뿐 나를 계속 '쌤'이라 불렀다. 보육원에서 시킨 건지 아이들끼리의 약속인지는 잘 모르겠지만 원이를 포함한 보육원 아이들은 후원자를 '선생님'이라고 불렀다. 나는 호칭을 통해 녀석과 좀 더 가까워지고 싶어서 나를 '삼촌'으로 표현하는 삼인칭 화법을 꾸준히 사용했다. "삼촌이 해줄까?" "삼촌이 전화할게."라는 식으로 원이를 세뇌시켜봤지만, 녀석은 '쌤'이라는 호칭을 고수하며 나와 지속해서 거리두기를 했다.

　녀석이 호칭 정리에 협조하지 않아서 가끔은 불편한 의심을 받기도 했다. 한번은 원이와 택시를 탔는데 우리 대화를 듣던 택시 기사가 룸미러로 자꾸 힐끔거렸다. 원이와 내가 친구로 보일 리는 없고 선생님이라고 부르지만, 사제지간처럼 보이지도 않았나 보다. 택시 기사는 우리가 어떤 관계인지 캐물었다. 후원자와 후원 아동이라고 밝히는 것도 웃겨서 대충 얼버무렸던 게 화근이었다. 택시 기사는 스무고개라도 하는 양 집요하게 우리 둘의 관계를 물었다. 묻는 투로 봤을 때, 동성연애자가 원조 교제를 목적으로 만났을 거라고 확신한 듯했다. 선 넘는 질문은 내가 노골적으로 언짢음을 드러내고서야 끝났다. 원이의 비협조는 가끔 그렇게 엉뚱하거나 곤란한 상황을 만들기도 했다.

그런 녀석의 졸업식이 다가오고 있었다. 졸업식은 평일이어서 미리 휴가를 내야 했으므로 날짜를 물었더니 자기도 모른다고 했다. 피곤함이 몰려왔다. 참으로 꾸준히 자기 삶에 무관심한 녀석에게 짜증이 났달까. 결국 내가 학교 홈페이지를 뒤져 졸업식 날짜를 녀석에게 알려줬다. 졸업식 장소와 시간은 나와 있지 않았기에 몇 시까지 어디로 가면 되는지 선생님께 물어보고 연락해 달라고 했다. 그리고 이틀 후 녀석으로부터 졸업식 날짜와 요일을 통보받았다. 이틀 전 내가 녀석에게 알려줬던 (나에게는) 쓸모없는 정보였다. 시간과 장소를 물었더니 한다는 말이 '아 맞다!'란다. 골이 지끈거렸다. 뭐든 미리 계획해야 마음이 놓이는 나로서는 녀석의 무성의함이 답답했다. 불현듯 무심한 이 녀석이 졸업식 날 말실수라도 하면 어쩌나 싶어서, 졸업식 날 삼촌을 보면 꼭 외삼촌으로 부르라고 입단속을 시켰다. 괜히 쌤이라고 했다가 마지막 날 네 출생의 비밀이 탄로 나는 수가 있다고.

정작 당사자는 무관심한 졸업식을 축하해주기 위해 후원자의 의무감으로 학교에 갔다. 강당에서 졸업식을 마치고 각자 교실로 이동해 졸업장과 상장 등을 나눠주는 모양이었다. 나도 원이가 있는 반으로 갔다. 복도는 졸업을 축하해주러 온 부모, 조부모, 형제, 자매 등으로 북적였다. 인파를 뚫고 교실에 도착했는데 검정 패딩에 뿔테 안경을 쓴 투블럭 헤어스타일을 한 녀석이 한둘이 아니었다. 나는 원이를 한눈에 찾을 수 있을 거라고 생각했다. 그런데 막상 도착해보니 이 녀석이 그 녀석 같고 저 녀석이 이 녀석 같아서 쉽게 찾을 수 없었다. 할 수 없이 맨 앞에 앉은 아이에게 진원이 자리가 어디냐고 물었더니 그 녀석이 뒤쪽으로 고개를 돌리며 소리쳤다.

"김진원! 너네 아빠 오셨다!"

나를 언제 봤다고 한순간에 진원이 아빠로 만들어버리니 당황스러웠다. 순식간에 머릿속이 하얘졌다. 담임선생님이 들었으면 어쩌지? (담임선생님은 녀석이 고아라는 걸 알고 있다), 원이는 어떤 반응을 보일까? 나는 어떻게 대처해야 할까? 지금 필요한 건 뭐? 그래, 순발력! 나는 순발력 넘치게 어정쩡한 자세로 서서 로봇처럼 웃어 보이는 발연기를 선보였다. 어떤 거짓말도 만들어낼 수 있다던 자신감은 '외삼촌'이라는 단어에 국한된 것이었나 보다.

로봇처럼 웃는 나를 발견한 녀석이 더할 나위 없는 함박웃음을 지었다. 단언컨대 수년간 원이를 봐오면서 단 한 번도 본 적 없던 표정이었다. 그 순간 마음에 쌓였던 응어리가 풀리며 온몸에 피가 도는 느낌이었다. 분만실에서 갓난아기를 품에 안은 산모가 이런 기분일까? 벅찼고 감격스러웠으며 무슨 일이 있어도 녀석을 지켜줘야겠다는 결의마저 생기는 듯했다. 나는 지금도 (그리고 앞으로도) 그날의 진원이 표정을 잊지 못한다. 녀석을 그토록 행복하게 만든 건 뭐였을까? 내 표정이었을까? 아빠라는 단어였을까?

친구의 착각에서 비롯된 '아빠'라는 단어의 힘은 대단히 강렬했다. 졸업식 내내 원이의 입꼬리는 귀에 걸려 내려오지 않았다. 별것 아닌 일에 와하하 웃었고 둥실둥실 걸으며 조증을 앓는 사람처럼 굴었다. 이유가 뭐든 그날 녀석은 확실히 행복해 보였다. 몇 년 동안 정리되지 않던 호칭도 그날 바뀌었다. 녀석은 온종일 '아빠, 아빠'하며 나를 놀렸다.* 굳이 호칭을 붙여할 얘기가 아닌데도 녀석은 맺힌 한을 풀 듯 아빠를 소환했다.

"아빠 저는 짜장면이요."

"아빠 그거 매워요?"

"아빠 근데요, 아 무슨 말 하려고 했는데 까먹었어요."

"아빠 성경이가요~"

"아빠는 근데 몇 살이세요?"

* 다음 날부터 나는 다시 "쌤"으로 강등(?)됐다. 녀석은 고등학교를 졸업할 때까지 나를 "쌤"이라고 부르다가 함께 살기 시작하면서 '삼촌'이라는 호칭을 사용했다.

우리가 만난 지 3년이 넘었는데 내 신상을 물어본 것도 처음이었고, 3년이 지나도록 내 나이도 몰랐다는 건 더 충격이었고, 내가 묻지도 않았는데 다른 아이들 얘기를 먼저 꺼낸 것도 처음이었다. 한참 전에 변성기가 지나 중저음 목소리로 중얼중얼 떠드는 녀석을 보고 있자니 예전 기억이 섬광처럼 떠올랐다.

"쌤이랑 같이 다니는 걸 친구가 보면 뭐라고 하죠?"

"외삼촌이라고 해"

그날 명확한 답을 줬음에도 녀석은 끈질기게 나를 "쌤"이라고 불렀다. 어쩌면 그날 녀석이 듣고 싶었던 말은 다른 게 아니었을까? 생각해 본다. 이를테면 "아빠라고 해" 같은 대답 말이다.

홀로 졸업식

초등학교 저학년, 여름의 기억이다. 장마로 비가 자주 내렸다. 학교에서 집까지 가려면 족히 20분은 산비탈을 걸어야 했다. 우산을 안 챙겨온 날이면 쏟아지는 비를 온몸으로 맞았다. 그 당시 운동화 두 켤레로 1년을 보냈는데, 이틀 내내 비가 내려 운동화 두 켤레가 다 젖으면 셋째 날은 둘 중 덜 젖은 운동화를 신고 학교에 갔다.

비 오는 날이면 교문 앞이 붐볐다. 엄마들은 저마다 손에 우산을 들고 제 아이를 기다렸다(그 당시엔 전업주부였던 어머니들이 많아서 가능했던 일이다). 그 인파 속에 우리 어머니가 있었던 적은 단 한 번도 없었다. 모두 우산을 쓰고 가는데 나 혼자 쫄딱 젖은 채 걷다 보면 나를 보호해 줄 지붕이 통째로 사라진 기분이었다. 친구들 엄마가 들고 온 건 고작 우산이 아니라 내 아이를 지켜내겠다는 집념처럼 느껴져서 더 서러웠다.

우리 엄마도 전업주부인데 왜 한 번도 나를 데리러 오지 않을까? 차곡차곡 쌓인 서운함이 터질 무렵 어머니께 대놓고 부탁한 적이 있었다. 비가 오면, 우산을 가지고, 나를 데리러, 학교로 와달라고. 이토록 구체적인 요구에도 어머니는 우산을 갖고 학교에 온 적이 없었다. 그 뒤로는 내가 그냥 포기했다. 그 대신 책상 서랍에 여분의 우산을 챙겨두는 습관이 생겼다. 어른이 된 지금도 회사 책상 서랍에 두세 개의 우산이 있고, 평소 메고 다니는 가방에는 우산과 우비까지 들어있다.

성인이 되고 어머니께 물어본 적이 있었다. 왜 비 오는 날 한 번도 날 데리러 오지 않았는지. 그동안엔 어머니만의 교육철학이 있어서일 거라고 생각했는데 '기억나지 않는다'는 정치인 같은(?) 대답이 돌아왔다. 그리고 그런 일로 내가 상처받은 줄도 몰랐다고 했다. 어머니는 손에 물 한 방울 안 묻히며 살다가 시집와서 집안일에 삼남매 육아까지 하려니 모르는 게 많았다고 하셨다. 어머니 말을 전부 이해할 수는 없었지만 조금 짐작은 됐다.

그 시절엔 내 아이가 잘 먹고 건강하고 예의 바른 게 최고였다. 친구와 치고받고 싸워도 어른 싸움으로 번지는 일이 없었다. 때린 아이도, 맞은 아이도 각자 부모님 손에 끌려와 모두가 보는 앞에서 서로 사과하는 방식으로 문제를 해결했다. 요즘처럼 내 아이 감정에 부모가 일희일비하는 분위기가 아니었다. 그런 시절에 그깟 비 좀 맞는 게 대수였을까 싶다. 그럼에도 그 시절이 떠오를 때마다 서러워지는 이유는 마음의 상처로 남았기 때문일 테다.

고작 이런 일도 상처로 각인되는 마당에, 가족이 없는 아이들은 특별한 날을 얼마나 무거운 마음으로 맞이하게 될지 상상하게 된다. 생일, 어버이날, 어린이날, 명절 등 가족의 존재가 부각되는 날들이 이들에게는 무의미하거나 외로운 날로 다가온다. 매년 돌아오는 기념일이야 무던히 넘길 수 있겠지만 수년에 한 번씩 찾아오는 기념일은 기대보단 걱정으로 맞이하게 될 것이다. 가령, 졸업식이나 입대, 결혼식 같은 날 말이다.

드라마 〈나의 아저씨〉엔 명장면이 많지만, 특히 인상적이었던 신scene은 지안의 초등학교 졸업식 장면이다. 돈 떼먹고 달아난 지안의 엄마가 혹여나 졸업식에 나타날까 싶어서 빚쟁이들이 몰려온다. 지안의 엄마는 끝내 나타나지 않았고 빚쟁이들은 욕을 하며 뿔뿔이 흩어진다. 빚쟁이 중 한 명이었던 춘대는 군중 속에 덩그러니 서 있는 지안을 차마 외면하지 못하고 꽃다발을 사서 건네준다.

이 장면은 허구가 아니다. 보육원에 사는 아이들은 한 번쯤 겪게 되는 잔인한 현실이다.

졸업생이 많은 해에 졸업식 날짜까지 겹치면 보육원 선생님들은 바쁘다. 여러 명이 같은 학교를 졸업할 경우 상황은 더 난감해진다. 이럴 때 후원자가 나서준다면 좋겠지만 졸업식은 평일이므로 후원자가 직장인이라면 굳이 휴가를 내고 참석해야 한다. 나 역시 원이 졸업식에 갈 때마다 근무 일정을 조정하고 매번 휴가를 내야 했다. 보육원에는 원이와 동갑인 아이가 둘이나 있었다. 세 녀석 모두 같은 초·중·고등학교를 졸업했는데 졸업식에서 두 녀석의 후원자와 마주친 적은 없었다. 아이들 사정을 뻔히 아는 마당에 외면할 수도 없어서 졸업식이 끝나면 세 녀석을 중국집에 데려가 밥을 먹이곤 했다. 원이는 졸업식 때마다 내가 삼촌 행세하며 찾아가서 제 친구들까지 챙기니 의기양양할 수 있었으나, 두 녀석의 경우 보육원 선생님 외에는 찾아오는 사람이 없어서 의기소침해 있었다.

주눅 든 아이들이 밥 먹는 모습을 본 적이 있는가. 나는 그 모습이 뇌리에 박혀서 적어도 내가 후원하는 아이들만큼은 기념

일에 혼자 두지 않겠다고 다짐했다. 그런데 막상 성경이의 초등학교 졸업식을 앞두고 큰 고민에 빠졌다. 성경이의 정식 후원자가 아닌 데다 성경이는 부모가 있었으므로 내가 졸업식에 가는 게 옳은 건지 쉽게 판단할 수 없었다. 성경이 부모가 졸업식에 나타날지는 미지수였다. 졸업식에 갔다가 성경이 부모와 조우하는 것도 이상하고, 그렇다고 안 가자니 아무도 안 올까 봐 불안했다. 며칠을 고민한 끝에 '일단 가보자'는 결론이 났다. 아이 넷을 보육원에 보내고도 몇 년 동안 찾아오지 않았던 사람들인데 졸업식이라고 다를까 싶었다. 그리고 예상했던 대로 성경이 졸업식에는 가족 중 누구도 오지 않았다. 휴가까지 내고 통영에서 부산으로 넘어온 게 다행이었다.

성경이 사정을 아는 담임선생님은 성경이를 가장 먼저 불러서 단둘이 졸업 기념사진을 찍은 후에 반 아이들을 모두 불러내 단체사진을 찍었다. 누구도 눈치채지 못한 자연스럽고 섬세한 배려였다. 졸업식이 끝나고 담임선생님께 가서 성경이 외삼촌이라고 나를 소개했다. 웬 아저씨가 뜬금없이 접근해 아이를 데려가면 이상하게 생각할까 봐 자진 신고한 셈이었다. 외삼촌이라고 하니 잠깐 놀라는 눈치였지만 금세 상황을 짐작한 듯했다. 서로 깍듯이 인사를 하고 성경이를 인계받았다.

운동장에서 성경이와 기념사진을 찍고 녀석의 독사진도 몇 장 찍어줬다. 친구들도 불러서 함께 사진을 찍어줬는데, 나와 찍은 사진은 표정이 잔뜩 굳어 있었으나 친구들과 찍은 사진에서는 자연스럽게 웃고 있었다.

처음 후원 아동을 정할 때 여자아이가 더 편할 거라고 생각했던 건 완벽한 착각이었다. 친조카와 후원하는 아이는 아무래도 달랐다. 친조카는 미운 짓을 하거나 버릇없이 굴면 슬그머니 쥐어박거나 대놓고 야단칠 수 있지만 후원 아동은 그럴 수 없었다. 게다가 성경이는 낯가림이 심하고 섬세해서 대하기가 조심스러웠다. 그래서 가급적 원이나 성영이와 함께 만났는데, 졸업식 때는 그 둘이 참석할 수 없어서 성경이와 단둘이 점심을 먹었다. 어색한 분위기를 깨려고 이것저것 물어보며 대화를 시도했지만 "몰라요."라는 대답만 수십 번 들었다. 피 같은 휴가를 내고 통영에서부터 달려온 입장에선 솔직히 맥 빠졌지만 다음을 기대해 보기로 했다. 언젠가는 '싫어요, 몰라요.' 말고 장문의 대답을 해주겠지. 오늘은 어느 초등학생에게 최악으로 기억될 수도 있었던, 홀로 졸업식을 막을 수 있었음에 만족했다.

작심 삼분

원이가 고등학생이 된 후 몇몇 지인에게 녀석을 소개했다. 혹시 모를 나중을 위해서였다. 내가 곤경에 처해 녀석을 도울 수 없게 되거나 졸업 후에도 보육원 출신이라는 꼬리표 때문에 사회의 일원이 되지 못 했을 때, 딱 한 번 꺼낼 수 있는 카드를 주고 싶었다. 나는 공무원이어서 취업의 'ㅊ'이라도 꺼내는 날엔 청탁금지법 대상이 된다. 그러니 미리미리 얼굴을 익히고 제2의 삼촌 조카로 만들어놔야겠다는 큰 그림을 그렸다(물론 이 계획은 지금까지도 나만 알고 있다). 그렇게 강소기업을 운영하는 지인과 원이의 만남이 성사됐다.

함께 밥 먹는 자리에서 지인은 자신이 30년 넘게 일기를 썼고, 일기 쓰기가 정신을 가다듬는 데 도움이 된다며 원이에게 권했다. 책 한 권 읽기 힘들어하는 녀석이 일기 쓰기가 가능할까? 속으로 생각하는데, 대뜸 녀석이 오늘부터 일기를 써보겠다며 자신만만해했다. 그러고는 다음에 지인을 만날 때 열심히 일기 쓴 걸 보여주겠다고 약속하고 사나이 대 사나이로 각서까지 썼다. 나는 일기를 꾸준히 써온 사람이 아니어서 원이에게도 일기 쓸 것을 권한 적은 없다. 다만 독서만큼이나 이롭게 생각하고, 일기를 쓴다는 것 자체가 성실함을 증명하는 것이기에 긍정적으로 생각했다. 녀석이 일기를 꾸준히 쓸 거라고 기대하지 않았지만 하도 자신만만해하기에 일단 지켜보기로 했다.

4개월 후 지인이 원이의 안부를 물으며 만나고 싶어 했다. 나도 그제야 일기 쓰기 각서가 생각났다. 녀석에게 그간 일기를 열심히 썼는지 물었더니 못 썼다는 대답이 돌아왔다. 예상했던 바였다. 지인을 만나기까지 며칠 남았으니 그동안 열심히 몰아쓰기 해보라고 응원(?)해 줬다. 녀석은 지나간 날씨는 어플에 표시되지 않는다고 한탄하면서 "아저씨 보여드려야 되죠?"를 반복해서 물었다. 각서를 쓴 뒤 한 번도 일기를 적지 않았냐고 물으니, 쓰긴 썼는데 생활실을 바꿀 때마다 버린 것 같다고 변명했다. 애초에 안 적었구나 싶어서 그냥 사실대로 그간 못 썼다고 말하고 다음부터 열심히 적으라고 얘기했다. 그래도 녀석은 약속을 못 지킨 게 걱정됐는지 언제부터 쓰면 될지 계속 물었다. 녀석은 일기를 '쓰는 데' 집착하고 있었다. 나는 일기 쓰는 '목적'을 상기시켜 줬다.

"아저씨가 너한테 일기 쓰라고 한 건 넉 달 치를 한꺼번에 쓰면서 글씨 연습을 하란 게 아니야. 넉 달 동안 날씨가 어땠는지 확인하려는 것도 아니고. 네가 하루를 어떻게 보냈고 뭘 깨닫고 반성했는지 기록해 두면 나중에 너한테 도움이 되니까 써보라고 한 거야. 아저씨나 삼촌한테 보여주기 위한 일기는 안 써도 돼."

그랬더니 자기는 내면이 착한 사람이라 반성할 게 없다고 넉살을 부렸다. 그러고는 오늘부터 꼭 일기를 적겠다고 했다. 나는 녀석에게 네 내면이 착한지는 몰라도 게으른 건 알겠다고 냉정하게 말했다. 그렇게 원이는 지인과 약속을 지키지 못했고, 이후에도 일기장이 아닌 찢어진 쪽지에 단 몇 자를 휘갈긴 것을 일기라고 들이밀면서 바빴다는 핑계를 댔다. 그렇게 녀석은 지인의 신뢰를 잃었다. 내가 추진한 것은 아니었지만 원이의 일기 쓰는 습관들이기는 실패로 끝났다.

고등학생이 된 원이에게 정작 내가 바랐던 건 일기 쓰기가 아닌 꾸준한 독서와 영어 공부였다. 중학교 때까지는 독서하라는 말만 하다가 영어 공부가 추가된 이유는 녀석이 특성화고등학교 대입반*에 진학했기 때문이었다. 내가 어릴 때부터 책을 가까이 한 게 삶의 여러 순간 큰 도움이 된 반면, 영어 공부를 게을리한 탓에 대입을 포함, 삶의 여러 순간에 발목 잡히는 기분이었다. 그래서 나는 원이에게 영어 공부도 꾸준히 할 것을 요구했다. 그런데 내 입에서 '공부' 소리가 나오면 녀석은 매번 야자 때문에 힘들어 죽겠다고 투덜댔다. 공부를 열심히 하느라 힘든 건지 공부도 안 하는데 강제로 붙잡혀 앉아 있느라 힘든 건지는 알 수 없었다. 녀석은 또 꽤 오랫동안 전산회계 자격증 공부를 한다고 말했는데, 정작 자격증 땄다는 소리를 들은 적은 없다.

원이가 고3이 되자 나도 은근히 녀석의 성적에 관심 갖기 시작했다. 시험 기간이 끝나면 부리나케 전화해서 시험은 잘 봤는지 물었다. 그러면 녀석은 '공부한 거는 잘 봤다'고 했다. 잘 본 과목을 물어보면 회계만 말했고 영어는 못 봤다고 했다. 이를 통해 '공부한 거'에 회계는 들어가지만, 영어는 포함되지 않는다는 걸 추론할 수 있었다. 독서 전쟁에 이어 영어 전쟁이 시

● 특성화고등학교 학생은 3학년 때 취업반 또는 진학반을 선택할 수 있다. 반은 구분되지만 대입반 학생도 취업할 수 있고, 취업반 학생도 진학할 수 있다.

작되는 순간이었다.

원이는 영어가 어렵다는 둥, 진짜 미치겠다는 둥 엄살을 피
웠다. 영어는 하루에 한 단어씩이라도 꾸준히 하면 어느 순간
실력이 는다고 독려해도 무대응으로 일관했다. 그렇게 1년 반
을 영어 공부도 안 하고 전산회계 자격증도 못 딴 채 시간만 흘
려보냈다.

방학이 되면 녀석은 본격적으로 놀 궁리를 했다. 아무리 특
성화고등학교여도 명색이 입시반인데 저렇게 놀아도 괜찮을
까 싶었다. 좀 더 정확히는 보육원 선생님들이 공부에 관한 감
독을 전혀 안 하는지 궁금했다. 그래서 방학 때 뭘 할지 선생님
들과 미리 계획을 세우지 않느냐고 물었더니 그런 건 없다고
했다. 스스로 공부할 의지가 없다면 아이들은 방학 동안 고삐
풀린 망아지처럼 놀 수 있는 환경이었다.

녀석에게 동기부여가 될까 싶어서 내가 공부하는 책 사진을
찍어 카톡으로 보내줬다. 600쪽에 달하는 업무 매뉴얼 세 권을
보여주며 삼촌은 주말 아침부터 열공 중이라고 했더니 수고가
많다며, 열심히 하라고 했다. 과연 이런 걸로 자극받는 김진원
이 아니었다. 나는 녀석에게 사회에 나와서도 끊임없이 공부해
야 한다며, 어른이 돼서 덜 괴로우려면 학창 시절에 기본기를

다져놔야 한다고 설명했다. 그러면서 전산회계 자격증과 영어 공부를 꾸준히 하는지 물었더니 녀석이 청소하러 가야 한다며 대화를 중단했다.

몇 주나 지났을까, 이번에는 원이가 먼저 영어 공부 얘기를 꺼냈다. 보육원에 새로 온 남자 선생님과 친해졌는데 호주로 어학연수를 다녀와서 영어를 잘한다고 했다. 영어로 쏼라쏼라 말하는 모습이 멋있어서 어떻게 하면 영어를 잘할 수 있냐고 물어봤단다. 내가 그렇게 설명해 줄 땐 들은 척도 안 하던 녀석이었는데, 역시 스스로 관심이 생겨야 귀도 열리고 눈도 뜨이는 거구나 싶었다. 아무튼 그 선생님은 원이에게 단어 공부부터 할 것을 추천했다(고 한다). 문법을 공부하려면 단어를 알아야 하니 당연한 얘기다. 나와 선생님이 똑같은 얘기를 했건만 내 말은 안 듣고 선생님 말은 신뢰하는 기특한 녀석이었다. 그래도 스스로 공부 의지를 불태우는 게 어딘가 싶어서 반가운 마음이 일었다. 나는 원이에게 그 선생님을 잘 활용해 보라고 말했다. 유학파 선생님에게 공짜로 영어를 배울 수 있는 절호의 기회라고.

그러고 나서 보름쯤 뒤에 녀석에게서 미치겠다고 연락이 왔다. 영어단어를 외우는데 머리가 타들어 가는 것 같고 잘 안 외워진단다. 매일 공부하는지 물었더니 유학파 선생님이 이틀에

한 번씩 들어오기에 그때마다 한다고 했다. 최소 3개월 이상 꾸준히 해야 결과가 나타날 거라고 응원했다. 또 보름이 지나니 비동사가 어쩌구 하며 영어가 너무 어려워서 토할 것 같다고 엄살을 부렸다. 녀석이 문법을 전혀 모르겠다기에 요즘은 유치원 때부터 사교육까지 동원해 영어 공부를 시키지만, 너는 그렇게 공부한 적이 없다가 지금에서야 시작했으니 힘든 게 당연하다고 위로했다. 녀석도 자신의 상황을 인정하며, 영어 공부를 제대로 해보고 싶은데 마음과는 달리 속이 울렁거리고 승모근이 쑤신다고 한탄했다. 어려운 일은 매번 회피하던 녀석이 한 달 이상 무언가에 매달리는 모습은 처음이라 조금 놀랍기도 했고 기대감도 생겼다.

　하지만 거기까지였다. 그 후로 녀석은 영어 공부 때문에 고민이라는 얘기를 하지 않았고 영어 성적이 나아지지도 않았다. 내가 듣고 있던 인터넷 강의를 공유해주겠다고 해도 관심을 보이지 않고 대답을 회피했다. 유학파 선생님 덕분에 몇 달은 녀석이 영어 공부에 관심을 가졌지만 그게 다였다.
　물질적인 보상을 해줘도, 좋은 선생님이 곁에 있어도 녀석은 이를 잘 활용하지 못했다. 뭔가를 성취해 본 적이 없고, 곁에 있는 누군가가 성취하는 걸 보며 자극받은 적도 없으니 뭘 시작했다가도 쉽게 포기하기 일쑤였다. 애초부터 성취욕이 없는 사람처럼 보이기도 했다. 이는 보육원에서 생활하는 다른 아이들도 마찬가지였다. 모두 그렇다고 단정할 수는 없지만 내가 후원하는 아이들은 대체로 포기가 빨랐다. 방탈출 카페에 갔을 때도 문제 풀 궁리를 하는 게 아니라 멀뚱멀뚱 서서 스태프나 내게 의지하는 모습을 보였다. 책 읽기를 시킬 때도 마찬가지였다. 책을 다 읽으면 원하는 걸 해준다고 해도 안 읽고 안 받겠다는 태도를 고수했다. 이런 식이라면 사회에 나가서도 어려움을 겪을 게 뻔했다.

문득, 어디선가 읽었던 '가난한 아이들은 포기부터 배운다.'는 말이 떠올랐다. 성취감을 경험해 보고 스스로 별것 아니라고 판단해 포기하는 것과 경험조차 못 해보고 포기당하는 건 다르다. 보육원에서는 아이들에게 어떤 성취욕을 심어주며 어떤 보상을 해주는지 궁금해졌다. 또 그런 것까지 바라는 건 과도한 욕심이 아닐지 생각했다. 아이들이 성취욕을 갖게 만드는 것도 후원자의 몫이라면 나는 이제 무얼 해야 할까.

진로탐색

원이가 세무회계를 배우는 특성화고등학교에 진학하겠다고 해서 이유를 물었더니 친구가 가자고 했단다. 친구는 왜 그 학교에 가느냐고 했더니 거기가 남녀공학이란다. 어이구, 그럼 그렇지. 세무회계에 관심 있어서 지원하지 않았을 거란 예상이 보기 좋게 들어맞았다. 태어나서 지금까지 뭔가를 해보고 싶었던 적이 없었다던 녀석은 고등학생이 돼서도 장래 계획이 없었다. 재우가 빵집 취업을 목표로 제빵학원에 다니기 시작하면서 슬슬 조바심이 났다. 중학교 때는 공부의 'ㄱ'도 꺼내지 않았지만 더는 방치할 수 없었다. 공부하라는 잔소리를 시작했다. 하고 싶은 걸 말하면 학원비를 지원해 주고 관련 정보도 찾아주 겠다고 했다. 그럼에도 녀석은 강 건너 불구경하듯 시큰둥하 게 굴었다. 그러면서 한다는 말이 자기가 금손인 것 같다고 손 재주로 먹고사는 직업을 가지면 대박 날 거라고 거들먹거렸다. 무슨 자신감으로 저런 말을 하나 싶어서 물어봤더니 학교에서 쫄쫄이를 했는데 100원으로 2,000원을 땄다고 했다. 잃는 날보 다 따는 날이 더 많다고도 했다. 나는 녀석에게 '금손'과 '야바 위꾼'의 나무위키적 정의를 읽어주며, 어디 가서 그런 소리 하 고 다니지 말라고 점잖게 타일렀다.

원이는 고등학교 3년 내내 공부도 안 하고 자격증 취득에 노 력을 기울이지도 않았다. 그것은 취업도 안 하고 대학도 안 가 겠다는 말과 다름없었다. 그나마 회계 점수가 좋다는 게 희망 적이었는데, 녀석이 다니는 고등학교에서 매년 두세 명의 세무 공무원을 특채로 채용했기 때문이었다. 그뿐만 아니라 제1금 융권에도 몇 명씩 입사할 정도로 취업률이 높았다. 그래서 원 이가 조금만 노력한다면 좋은 직장에 들어갈 수 있지 않을까 기대했다. 나는 녀석에게 취업을 위해 자격증을 많이 따 두라 고 했다. 하지만 비교적 쉬운 전산회계 2급 자격증조차 몇 점 차이로 계속 떨어지고는 '방심했네.' '아쉽네.'하며 변명했다. 내가 잔소리하면 잠깐 듣는 척했지만 제대로 시험 준비를 안

하고 계속 떨어졌다. 분명 조금만 노력하면 붙을 수 있는 시험임에도 자격증 하나를 가지고 3년 동안 아슬아슬한 밀당을 했다. 그렇게 수차례 떨어진 끝에 졸업을 앞두고서야 전산회계 2급 자격증 하나를 겨우 손에 넣었다. 내 입장에선 그렇게 여러 번 시험장을 방문하고 떨어지는 게 더 대단해 보였다.

그렇게 허송세월하다가 고3이 되어 발등에 불이 떨어지니 그제야 진로를 고민하기 시작했다. 한번은 내게 부사관이 직업으로 어떤지 물어봤다. 보육원에 새로 온 선생님이 해군 부사관 출신인데, 보육원 생활이 군대보다 더 빡빡한 것 같다며 직업 군인을 권했단다. 과거에는 인기가 없어서 병사에서 소위 말뚝을 박아 부사관이 됐지만, 요즘은 취업난으로 인기가 높아졌다고 설명해 줬다. 이왕 하려거든 2년을 기다리지 말고 시험을 쳐서 바로 부사관이 되면 어떻겠냐고 했더니 바로 부사관 되기를 포기했다. 녀석이 자격증을 따거나 시험을 봐서 들어가는 직장 말고 특별한 자격 없이 쉽게 취업할 수 있는 직장을 찾고 있다는 걸 알았다.

원이에게 대학 진학을 권유했으나, 돈과 시간이 아깝다며 취업하겠다고 했다. 취업이야 되면 좋지만 딸랑 자격증 하나 있는 녀석을 채용해 줄 곳이 있을지 의문이었다. 게다가 취업하겠다는 녀석이 담임의 추천서만 기다릴 뿐 스스로 구직활동을 하는 것 같지도 않았다. 원이는 세무회계 특성화고등학교에 다녔기 때문에 세무·회계사무소에서 취업 의뢰가 많이 들어왔다. 하지만 대부분 세무·회계사무소는 여학생을 선호했기에 녀석은 번번이 우선순위에서 밀렸다. 그나마 경쟁이라도 해보려면 제대로 된 회계 관련 자격증이나 하다못해 운전면허증이라도 있으면 좋은데 그마저도 없으니 취업이 안되는 게 당연했다. 한번은 쿠쿠 밥솥 만드는 공장에서 제안이 왔다. 월급이 괜찮았는데 공장일은 힘들 것 같다고 녀석이 거절했다. 그렇게 고등학교 3년 내내 아무 노력도 안 한 끝에 취업 시장은 마무리 됐다.

원이가 정신적으로 너무 나약한 것 같아서 차라리 빨리 군대를 다녀오면 어떻겠냐고 제안했다. 요즘은 사병 월급도 많이 올랐고, 규칙적인 생활을 하며 자격증 딸 기회도 주고 의식주도 해결되니 괜찮지 않냐고 설득했다. 하지만 녀석은 부사관을 알아볼 때와 달리 노골적으로 싫어했다. 자기는 군대보다 힘든 보육원 생활을 오래 해서 이미 정신에 맷집이 생겼으므로 군대에 간다고 정신력이 더 강해지지 않을 거라고 했다. 그리고 사회복지시설에서 5년 이상 생활하면 병역이 면제*되는데 굳이 군대에 가서 2년 더 돈 벌 기회를 놓치고 싶지 않다고 했다.

녀석 말대로 군대에 있을 시간에 학업에 집중하거나 돈을 벌며 경험을 쌓을 수 있다면 좋은 일이긴 하다. '그런데 지금 네 능력으로 돈 벌 기회를 얻을 수는 있나?'라는 말은 하지 않았다. 대신 그간 녀석과의 원만한 관계를 위해 취업 준비에 관한 잔소리를 희생한 나 자신을 탓했다. 이제 와서 후회한 듯 무엇하리. 나는 지인들을 통해 조용히 취업 자리를 수소문하기 시작했다.

원이의 취업 문제로 골머리를 썩이고 있는데 녀석이 뜻밖의 소식을 알려왔다. 모 전문대 사회복지과에 합격했다는 것. 전혀 예상 못한 전개여서 어리둥절하다가도 뭐라도 됐다니 일단 반가웠다. 녀석도 나름대로 머리를 굴려 취업과 진학 모두에 발을 걸쳐놓고 되는 쪽으로 가겠다는 계획이었던 것 같았다. 그래도 사회복지과는 너무 뜬금없어서 왜 하필 사회복지인지 물었더니 보고 배운 게 그것밖에 없어서란다. 역시나 별 고민 없이 가장 만만한 영역으로 흘러 들어간 거였다. 그렇게 무심히 넣은 원서 하나로 원이는 대학생이 됐고 사회복지사가 진로가 됐다. 녀석은 이 좋은 소식을 보육원 선생님들에게도 알리지 않았다

●   「아동복지법」에 따라 5년 이상 아동양육시설, 공동생활가정 등에 보호된 아동들은 병역판정검사 기일 전까지 신청하면 전시근로역에 편입되어 입대하지 않아도 되며, 예비군 복무까지 면제된다. 전쟁이 터지지 않는 한 사실상 병역면제와 다를 바 없다.

고 했다. 기가 찼다. 네가 판단해서 결정하는 것도 좋지만 어른들이 챙겨야 할 부분도 있으니 바로 말씀드리라고 했다.

녀석의 합격 소식을 듣고 '새로 바뀐 원장님'이 특히나 기뻐하시더라고 원이가 소식을 전해왔다. 보육원 원장님이 바뀐 건 몰랐다. 어떤 분인지 물었더니 과장님이 원장님으로 승진하셨단다. 6년 전 겨울, 내가 처음 보육원에 갔을 때 뿔테 안경을 쓰고 날 맞이해 줬던, 내게 원이를 소개해 준 그분이었다.

새 원장님은 해당 보육원에서 자란 보호소년 출신이다. 아이들의 상처를 잘 알고 다루는 법도, 시설의 역사도 모두 아는 사람이 원장이 된 것 같아서 마음이 놓였다. 원이에게 농담 삼아 너도 사회복지사가 돼서 나중에 이곳 원장이 되면 어떻겠냐고 물었다. 그 와중에 내 머릿속에는 시설의 최장기 후원자로서 꼬부랑 할아버지가 되어 지팡이를 짚고 보육원으로 터벅터벅 걸어가는 내 모습이 그려졌다. 그리고 나의 첫 후원 아동인 원이가 보육원 원장이 되어 있는 상상. 낭만적이고 인류애 넘치는 상상을 하는데 녀석이 절대 그런 일은 없을 거라며 초를 쳤다. 그러면서도 선생님들한테 '사회에 나갔는데 할 게 없으면 자격증 따서 돌아오겠다'고 얘기해놨다며 여지를 남겼다. 그래서 "말도 안 듣는 너를 보육원에서 받아주겠냐?"고 놀렸더니, 자기를 키워준 분이 이 구역 짱이 된 이상 가산점이 있을 거라고 자신만만해했다.

   과정이야 어떻든, 원이에게도 나아갈 방향이 생겼고, 몇 년
이라는 시간을 더 벌었다고 생각하니 나도 조금 안심이 됐다.
그 시간 동안 녀석도 세상을 경험하며 깨닫는 게 있겠지.

3. 기출 변형 가족

내가 사라져도 남을 너의 가족

　나에게는 의형제가 셋 있다. 첫 번째 의형제는 대학에서 만났다. 특정 시대, 특정 대학이나 학과의 문화였는지는 모르겠으나 대학교에 막 입학했을 때 선배들이 마음에 드는 후배를 자식 삼는 문화가 있었다. ○○ 학번 아무개의 자식은 누구이고, 손자는 ×× 학번 아무개라는 '계보'도 존재했다. 그렇게 선배는 후배를 자식 삼아 이끌어주고, 선배의 영향을 받아 성장한 후배는 다시 자기 후배 중 누군가를 자식 삼아 이끌어주는 방식으로 함께 성장했다.

　대학에서 만난 나의 아버지(?)는 모든 면이 나와 비슷했다.

부모님 직업도 똑같았고 누나가 둘인 점, 외골수라는 것, 심지어 말투까지 흡사했다. 그 외에도 여러모로 닮은 구석이 많아서 그 선배가 나를 자식으로 거뒀다. 아버지에게는 나 말고도 아들이 한 명 더 있었는데, 그는 유머 있고 사람들을 아우르는 힘도 있는 데다 선배들 앞에서도 바른말을 할 줄 아는 용기 있는 친구였다. 나와 동기였던 그 친구가 첫째였고 내가 둘째 아들이 됐는데 정작 아버지가 된 선배는 우리에게 관심이 없었다. 얼떨결에 내 형이 된 동기는 무심한 아버지 대신 나를 많이 챙겨줬다. 그 인연이 지금까지 이어져서 이제는 진짜 형이라도 되는 듯 내가 헛소리해도 이해해 주고 항상 날 지지하고 응원해 주는 아군이 되었다. 그는 피가 섞이지 않은 내 첫 가족이다.

둘째 셋째 형제는 부산국제영화제 자원봉사를 하다가 만났다. 직장생활을 몇 년 하다 보니 새로운 흥밋거리가 필요했다. 마침 우리 동네에서 해마다 부산국제영화제가 열려 자원봉사자를 모집했다. 한번 지원해 봤는데 운 좋게 면접까지 통과해서 봉사자로 활동하게 됐다. 그곳에서 홍윤이 형과 도준이를 만났다. 홍윤이 형을 처음 봤을 때 그의 피지컬에 압도되는 느낌이었다. 그런데 위압적인 체구와는 정반대로 순수한 마음씨를 가지고 있어서 꽤 놀랐다. 형은 술도 못 마시고 담배도 안 피웠다. 형이 다니는 직장에 어린이집이 있어서 딸의 등·하원을 책임졌는데 딸과 출퇴근하는 시간이 하루 중 가장 행복하다고 했다. 홍윤이 형은 '왼손이 하는 일을 오른손이 모르게 하라'는 격언을 실천하는 사람이었다. 여기저기 베푸는 걸 좋아하면서도 그걸 드러내거나 자랑하지 않았다.

도준이는 당시 대학생이었는데 자원봉사 팀장을 맡을 정도로 리더십이 뛰어났다. 자신감 넘치고 재주도 많았으며 박학다식한 데다 기억력도 좋았다. 배려심도 깊어서 내가 잘못 기억하거나 억지 부릴 때도 그 자리에서 잘못을 지적하는 법이 없었다. 얘기를 다 들은 뒤에 자기 의견을 말하는 것처럼 힌트를 줘서 상대방이 스스로 오류를 발견하도록 만들었다. 사회 문제에 관심도 많아서 틈날 때마다 무상급식소 같은 곳에 찾아가 자원봉사를 하고 있었다.

이 둘은 나와 가치관이나 관심사가 비슷했다. 월급 받고 하는 봉사활동도 아닌데 다른 자원봉사자들을 걱정해서 먹을 것을 챙기거나 여기저기 들쑤시고 다니며 힘든 일을 자처하는 오지랖도 닮아있었다. 자원봉사는 오전 8시쯤 시작해서 밤 10시쯤 끝났는데, 우리 셋은 퇴근 후에도 모여서 그날의 이슈를 공유하며 어떤 문제를 어떻게 개선할지 궁리했다. 누가 보면 영화제 주최자라도 되는 양 열심이었다. 오지랖 넓다는 것 외에 공통점이 하나 더 있었는데 바로 헌혈이었다. 한번은 도준이가 헌혈유공장 금장*이 있다기에 맘껏 귀여워해 줬다. 나는 도준이보다 헌혈 횟수가 더 많았기 때문이었다. 우리 대화를 들으며 빙그레 웃기만 하는 홍윤이 형에게도 헌혈의 이로움을 설파하며 권유했는데, 형은 이미 명예장** 획득을 앞두고 있었다. 헌혈로 하나 된 우리는 100번째 헌혈은 한날한시에 함께하자고 피의 결의(?)를 했다. 성장환경도 사는 지역도 달랐던 우리지만 봉사활동을 계기로 인연을 맺어 지금까지 가족처럼 지내고 있다.

시험마다 정형화된 문제 유형이 있다. 시험을 앞둔 사람들은 기존에 나왔던 문제를 풀며 유형을 익힌다. 이미 출제됐던 문제를 기출문제라고 한다. 그리고 기출문제와 비슷한 듯 다르게 비틀어 놓은 문제를 기출변형이라고 한다. 우리가 '가족'이라고 했을 때 떠오르는 이미지는 정형화된 기출문제와 닮아있다. 남녀가 만나 결혼해서 아기가 태어나고 가족이 형성된다. 가족의 보살핌을 받으며 자란 아이는 다시 이성을 만나 결혼하고 아기를 낳는다. 이 과정을 수 세기 반복한다.

그런데 정형화되지 못하거나 정형화되기를 거부한 사람들

●　　　헌혈 50회 봉사자에게 수여된다.
●●　　헌혈 100회 봉사자에게 수여된다.

이 있다. 원이는 타의에 의해 가족이라는 범주에 들지 못했고, 부모가 있음에도 보육원에서 생활하는 아이들은 기출과 기출 변형의 경계에 있으며, 나 역시 아직 가정을 꾸리지 않았으니 정형화를 거부한 사람이라고 할 수 있겠다.

그렇다면 우리는 '가족'을 만들 수 없는 걸까? 정형화에서 벗어난 사람들끼리 가족을 꾸린다면 어떤 결과가 나올까.

내가 원이를 후원했던 궁극적인 이유는 녀석의 자립을 돕기 위함이었지만 또 하나 해주고 싶었던 건 나 이외의 가족을 만들어주는 것이었다. 세 명의 의형제를 통해 가족이 꼭 혈연관계여야 한다는 고정관념은 사라진 지 오래였다. 서로를 잘 이해하고 평생 애정을 가지고 보살핀다면 그게 가족이 아니고 무엇이겠는가. 원이에게 내 형제들 얘기를 해주며 네게도 그런 가족이 있었으면 한다고 설명했다. 녀석도 수긍했기에 곧바로 가족 찾기에 돌입했다.

원이의 새로운 가족은 서로의 불우한 환경조차 이해해 줄 수 있는 사람이면 좋을 것 같았다. 그래서 녀석이 생활하는 보육원에서 가족이 될 만한 아이를 찾기로 했다. 내가 정해둔 일정 조건도 있었는데 첫째는 부모가 없어야 하고, 둘째는 초등학교 저학년 또는 미취학 아동이었다. 부모님이 없어야 우리와 가족처럼 지낼 수 있을 테고, 이미 청소년기에 접어든 아이는 부모 또는 가족이라는 개념을 인지해 증오의 대상으로 여길 수 있어서 쉽지 않을 거로 생각했다. 녀석에게 조건의 이유를 설명하고 마음에 드는 동생을 알아보라고 했다.

원이가 고등학교 2학년이 됐을 때 마음에 드는 친구가 있다고 했다. 어떤 아이인지 물으니 중학교 3학년 남자아이라고 했다. 성씨이 진원이와 같아서 가족이라고 했을 때 오해받을 여지가 줄어들어 좋았지만, 나이가 너무 많아 나랑 친해질 수 있을지 걱정이었다. 가족이 되려면 사이가 좋아야 하니 원이에게 네 말을 잘 듣느냐고 물었는데 대답을 애매하게 했다. 그러면서 하는 말이 엄마가 있는 아이라고 했다. 가족이 버젓이 있는데 원이와 나와 새로운 형태의 가족을 꾸리기에는 어려움이 있었다. 애초에 내가 얘기했던 조건에서 완전히 벗어난 아이였다. 그래서 삼촌은 후원할 아이를 하나 더 찾는 게 아니라, 네가 친동생처럼 여길 수 있고 너랑 나랑 가족이 될 아이를 찾는 거라고 목적을 상기시켰다. 녀석은 다시 찾아보겠다고 했다.

그리고 다시 1년이 흘러 고등학교 3학년이 되었는데도 녀석은 동생 삼을 아이를 얘기하지 않았다. 곧 있으면 퇴소인데 마음이 조급해졌다. 혹시 잊어버렸나 싶어서 물어봤더니 요즘 보육원에 들어온 애들 대부분은 부모님이 있어서 어떤 아이를 골라야 할지 잘 모르겠다고 했다. 애초에 원이는 자신이 보육원을 퇴소한 후에도 평생 함께할 가족을 만들어주려는 내 의도를 이해하지 못한 것 같다. 녀석에게 맡기면 안되겠다 싶어서 보육원 선생님 도움을 받기로 했다.

보육원에 연락해 상황을 설명하고 녀석과 상의해 가족이 될 만한 아이를 소개해달라고 했다. 그렇게 보름이 지났건만 보육원에서도 아무 연락이 없었다. 원이에게 선생님이 별말씀 없었냐고 물었더니 보육원에서 연락을 못 받았냐고 오히려 되물었다. 그러면서 한다는 말이 '남주'라는 이름을 가진 중학교 1학년 남자아이를 동생 삼기로 했단다. 금시초문이었다. 나와도 가족이 될 아이인데 나만 모르고 있었다니.

남주는 아빠가 있었지만, 알코올 중독으로 병원에 있어서 사실상 보호자 역할을 못 했다. 수줍음이 많고 운동을 좋아하고 풋살을 특히 잘한다고 했다. 공격성도 없어서 보육원 형들이 다 귀여워한다는 걸 보니 성격은 합격점이겠다 싶었다. 남주의 깊은 사정은 원이도 잘 몰랐기에 자세한 얘기는 보육원 선생님께 듣기로 했다.

원이 말대로 남주는 아빠가 있었으나 알코올 중독으로 꽤 오랫동안 입원 중이었고, 어머니 얘기는 안 해주는 걸로 보아 사연이 있는 듯했다. 버스도 잘 안 다니는 부산 외곽지역에서 할머니와 살다가 시설로 왔다고 했다. 그날 남주를 처음 봤는데, 초등학생 때의 원이처럼 체구가 작았고 듣던 대로 수줍음이 많았다. 그렇게 남주를 원이 동생으로 맞이해 후원을 시작했다.

또 다른 기출 변형 가족이 탄생하는 순간이었다.

동거인

한국 나이 스무 살, 만 18세가 되면 원이는 보호종료아동*으로 분류되어 원칙적으로 보육원에서 나와야 했다. 퇴소를 1년쯤 앞두고 녀석과 퇴소 후 주거 문제에 관한 얘기를 나눈 적이 있었다. 퇴소하면 어디서 살 건지 물었더니 캠프에서 친해진 친구와 원룸을 얻어서 같이 살기로 했단다. 보육원에서 생활하는 아이들은 주말이나 방학에 종종 다른 지역까지 가서 자립교육, 진로 찾기, 법 관련 교육 등을 받았다. 내가 통영에서 근무

● 　2022년부터 명칭이 변경되어 현재는 자립준비청년이라고 부른다.

할 때 한번은 녀석이 대뜸 연락해서는 지금 통영 가면 쌤을 만날 수 있냐고 물은 적이 있었다. 교육받으러 의령에 왔는데 의령과 통영이 가깝다고 들었단다. 녀석이 의령까지 온 것도 의아한데 교육받으러 왔다는 게 너무 생뚱맞아서 무슨 교육인지 물었더니 법 교육을 받았단다. 무슨 법 교육인지 다시 물었더니 변호사가 와서 뭐라 뭐라 말하고 갔는데 잘 모르겠다고 했다. 말이 좋아 캠프지 여러 보육원에서 모인 애들끼리 1박 하며 노는 분위기인 것 같았다. 예비군들이 모이면 서로 자기 부대가 더 빡세다는 걸 과시하듯, 보육원 아이들도 그곳에 모이면 자기들이 생활하는 보육원이 얼마나 헬hell인지 배틀(?) 하며 친해진다고 했다. 보육원 퇴소 후 함께 살기로 한 친구는 그곳에서 만난 아이였다.

그 친구에 대해 얼마나 아는지 물었다. 그 아이도 고아였고 대학에 진학했으며 수입이 없음은 원이와 같았다. 그러니 캠프에서 잠깐 만난 인연임에도 공통점에 끌렸으리라. 그것 말고 또 무엇을 아는지 물었더니 이름과 나이와 성별을 안단다. 그 외에 다른 건 잘 모른다고 했다. 그럼 잘 모르는 그 친구와 살며 생활비는 누가 낼지, 월세와 공과금은 누가 낼지, 누구 돈으로 원룸을 얻기로 했는지 물었다. 역시나 아무 계획이 없었다. 아무리 친한 친구라도 막상 같이 살아보면 치약 짜는 습관 같은 사소한 걸로도 다투게 된다고 설명했다. 또 같이 살기로 약속하고 원룸을 계약했다가 둘이 다퉈서 한 명이 나오게 되면 남은 사람 혼자서 월세와 공과금, 생활비까지 감당하기가 만만치 않을 것이라는 설명도 했다.

군이 누군가와 함께 살아야 한다면 어느 정도 신상 파악이 끝난 사람이 낫지 않을까 싶었다. 재우도 태어나자마자 보육원에 맡겨져 원이와 형제처럼 자란 아이였다. 재우 또한 퇴소를 앞두고 있었기에 퇴소 후에 어디서 살 건지 물었다. 녀석은 기특하게도 부산시 아동복지협회에서 운영하는 원룸에 들어갈 거라고 했다. 보호종료아동이 시설에서 퇴소하면 당장 생활할 곳이 마땅치 않으니 일정 기간 거주지를 지원해 주는 제도가 있었다. 월세는 없고 보증금 500만 원만 있으면 2년 동안 생활할 수 있었다. 통금이 있고 친구를 데리고 오면 안 되는 등 기숙사처럼 관리되어 불편함은 있겠지만, 독립된 공간이 보장되고 월세가 들지 않는다는 점에서 좋았다.

재우는 대학에 진학하지 않고 어릴 때부터 관심을 두었던 제빵 기술을 배워 빵집에 취직했다. 직업 특성상 새벽 6시까지 출근해야 했는데 빵집 위치가 해운대 근처였다. 대중교통으로 한 시간 거리인데 녀석은 차도 없으니 새벽 6시까지 출근하려면 무조건 첫차를 타야 했다. 유독 아침잠이 많은 아이가 제대로 출퇴근할 수 있을지 걱정스러웠다.

잠꾸러기 재우와 방탕한 자유인을 꿈꾸며 잔뜩 들떠있는 원이를 보고 있자니 언젠가 읽었던 신문 기사 내용이 떠올랐다. 가스 밸브 열고 잠그는 법, 계란프라이 하는 법, 라면 끓이는 법 등 기본적인 것조차 배우지 못하고 보호종료아동이 되어 강제 자립 당한 청년의 이야기였다. 할 줄 아는 건 없고 하루아침에 목돈(자립 지원금)이 생겼고, 자신을 통제하는 사람도 없어졌으니 충동을 자제하지 못하고 흥청망청 써대다가 6개월 만에 빈털터리가 됐다는 내용이었다.

보육원에서 자란 아이들이 독립적일 거라고 생각하는 사람들이 있는데 의외로 그렇지 않다. 그도 그럴 것이 보육원에는 수십 명의 아이들이 공동생활을 하는데 교사 수는 턱없이 부족해서 아이 한 명 한 명에게 관심을 기울일 수가 없다. 아이들을 붙잡고 일일이 설명할 시간에 선생님이 모든 걸 해결해 주는 게 훨씬 효율적이다. 보육원 아이들뿐만 아니라 나의 스무 살 시절을 돌이켜봐도 마찬가지였다. 나이만 어른이 되었을 뿐 아는 게 아무것도 없었다. 이사할 때 임대차계약서를 써야 한다는 것도, 전입신고를 해야 한다는 것도, 가스비나 전기료, 수도 요금을 내야 한다는 것도, 심지어 쓰레기 분리수거하는 법도 제대로 몰랐다. 나는 그런 걸 몰라도 사는 데 어려움이 없었다. 부모님이 대신해 주거나 언제든 알려주셨으니까. 하지만 이 아이들은 상황이 다르지 않은가.

긴 시간 고민 끝에 한두 해 원이를 데리고 살며 이것저것 가르치면 어떨까 생각했다. 그 당시 혼자서 24평 빌라에 살고 있었으니 남는 방이 있었다. 물론 쉬운 결정은 아니었다. 녀석이 방 얻을 돈이 없어서도 아니었다. 사실 녀석은 나보다 윤택하게(?) 생활할 수 있는 상황이었다.

정부와 지자체에서는 여러 방식으로 보호종료아동을 지원한다. 원이의 경우 자립정착금으로 500만 원(현재는 지자체에 따라 1,000~2,000만 원까지 늘었다)이 나왔다. 자립 수당이 월 30만 원씩 3년, 그리고 대학에 다니는 동안은 수입이 없기에 기초생활수급자로 등록되어 매달 55만 원을 지원받을 수 있었다.* 그러니까 원이는 대학생 신분인 3년 동안은 일을 안 해도 월 85만 원가량의 수입이 생겨서 일단 생활이 가능했다.

디딤씨앗통장도 있었다. 디딤씨앗통장은 위탁가정·아동양

●　　정확히는 '일정 수입이 없어서' 지원 대상이 된 것이다. 대학생 신분이어도 수입이 있으면 대상자가 아니다. 또한 녀석은 50~55만 원 사이의 금액을 지원받았을 것으로 추정되나 편의상 55만 원으로 표기했다.

육시설 등에서 생활하는 보호대상아동과 기초생활수급가구 등 저소득층 아동이 사회에 진출할 때 최소한의 기초비용 마련을 위한 정부지원 사업이다. 만 18세가 될 때까지 매월 4만 원 범위에서 아동이 디딤씨앗통장에 후원받거나 저축하면, 국가가 저축 금액의 1:1 비율을 적립해 준다. 그러니까 내가 원이의 디딤씨앗통장에 매달 4만 원을 후원해 주면, 정부가 4만 원을 지원해서 월 8만 원의 적금통장이 생기는 셈이다.●

나는 원이가 중학교를 졸업할 때쯤부터 녀석의 디딤씨앗통장에 매달 4만 원씩 넣어주었다. 원이가 성인이 되어 보육원에서 퇴소하면 임대 보증금이 필요할 것 같아서였다. 정부지원금까지 합치면 월 8만 원짜리 적금이 생긴 셈이니, 녀석이 스무 살이 되어 보육원을 퇴소할 때는 대략 300만 원가량의 목돈이 만들어질 거란 계산이었다. 혹시나 부족한 금액은 내가 조금 더 보태줄 생각이었다. 녀석이 그동안 모은 돈과 지원금을 끌어모으면 작은 원룸은 얻을 수 있었지만, 거주지만 해결된다고 내 걱정마저 사라지는 건 아니었다.

퇴소 후에 삼촌이랑 같이 살래? 제안했더니 녀석은 친구와

● 현재는 지원금액이 확대되어 월 적립 최고 한도가 5만 원으로 상향됐고 국가 지원 금액도 1:2로 늘었다. 후원자가 매달 후원 아동의 디딤씨앗통장에 5만 원을 입금할 경우, 정부가 10만 원을 지원하여 보호아동에게 매달 15만 원의 적금을 만들어줄 수 있다.

같이 살기로 이미 약속했다며 난감해했다. 보육원에서 나오면 드디어 자유를 얻는데 굳이 감시자를 두어 자유를 유예시키고 싶지 않은 것 같았다. 원치 않는 걸 강요할 입장도 아니고 녀석이 내 말을 무조건 들어야 하는 것도 아니었기에 보육원 선생님과 상의라도 해보라고 했다. 그리고 며칠 뒤에 사회복지사로부터 연락이 왔다. 뜻밖이었다. 같이 살자는 말에 노골적으로 정색하더니 보육원 선생님과 상의해 보라는 말은 고분고분 들었던 모양이다.

사회복지사는 녀석이 살 만한 환경인지 확인해 보고 싶다고 했다. 후원자의 선의를 검증해야 하는 상황이 미안한지 조심스러워하는 기색이 역력했다. 끝까지 아이들을 보호하려는 마음이 오히려 고마워서 흔쾌히 허락했다. 사회복지사가 집에 방문했을 땐 편하게 둘러볼 수 있도록 일부러 자리를 피했다. 원이 말에 따르면, 선생님들이 집을 보고는 "우리 집보다 좋은 거 같다."라며 녀석을 부러워했단다. 그 정도가 되니 원이의 마음이 돌아서서 나와 함께 살겠다고 했다.

그렇게 원이는 스무 살(만 18세)이 된 해에 보육원에서 퇴소하여 부산에 있는 내 집으로 전입했다. 나는 당시 통영에서 근무하고 있었으므로 부산 집에는 녀석 혼자 거주했다. 얼마 후

부산으로 복귀 발령이 나서 인터넷으로 전입신고를 하려는데 알 수 없는 오류가 떴다. 이상하다 싶어서 주민센터에 알아보니, 이미 세대주로 등록된 사람이 있어서 전입하려면 세대주의 동의가 필요하다고 했다. 내가 통영에 있을 때 원이가 내 집에 먼저 전입하면서 세대주 항목에 본인 이름을 적은 모양이었다. 주객전도가 이런 거구나. 내 집인데 세대주의 동의가 있어야 전입이 가능한 상황에 헛웃음이 났다. 반차를 쓰고 세대주이신 김진원 님을 모시고 주민센터를 찾았다. 주민센터 공무원 앞에서 세대주의 동의하에 엄숙히 전입신고를 마치고 앞으로 불편할 일이 없도록 세대주도 나로 바꿨다.

우리 둘의 이름이 나란히 찍혀 나온 주민등록등본을 확인한 후 쓸쓸하게 웃었다. 원이를 조카라고, 가족이라고 여기는 건 내 마음일 뿐 공적 서류에서 원이와 나의 관계를 정의하는 말은 '동거인'이었다.

내 집이 생겼어요

원이의 이사는 간소했다. 이삿짐 차를 부를 필요도 없이 시설의 승용차에 짐을 실어 옮겼다. 복지사 선생님이 운전에서 짐운반까지 도와주었다. 짐이라고 하기엔 너무 적은 양의 물건이 녀석의 방 한 귀퉁이를 채웠다. 똑같이 생긴 때 탄 흰색 운동화 두 켤레, 싱글 옷장 절반도 채우지 못하는 옷가지 몇 벌, 책가방에 담긴 잡동사니가 전부였다. 태어나자마자 보육원에 맡겨져 이십 년을 살아온 청년의 짐은 그가 짊어진 삶의 무게와 반비례했다.

막 자유인이 된 스무 살 청년은 적극적으로 옷부터 샀다. 종종 택배가 배송돼서 뭔지 물어보면 전부 옷이었다. 10개월가량 지나니 때 안 탄 흰색 운동화 두 켤레가 추가되었고, 옷장 문짝이 닫히지 않아서 방 한편에 행거를 설치했다. 가구도 차곡차곡 채웠다. 가장 먼저 침대를 들였다. 나는 요를 깔고 자는 사람이어서 침대의 필요성이나 기능을 몰랐는데, 요즘 침대는 LED 전등에 휴대전화 충전기까지 붙어 있었다. 한번 누워보고 싶은 욕심을 잘 참아냈는데 하필 녀석이 침대가 들어온 날 외박해서 어쩔 수 없이(?) 내가 첫 개시를 했다.

공부를 안 할 게 뻔했지만 그래도 대학생이니 책상과 의자도 샀다. 주말에 함께 매장에 가서 마음에 들어 하는 걸 사주려고 했는데 코로나 확진자가 쏟아지는 바람에 온라인으로 주문해야 했다. 막상 받아보니 책상과 의자 모두 DIY 제품이어서 원이와 둘이 앉아 낑낑대며 조립했다. 그렇게 열심히 만들었건만 녀석은 나의 예측을 벗어나지 않아서 책상에 앉아 공부는 하지 않았다.

공부를 안 한다고 해서 책상이 쓸모없었던 건 아니다. 녀석은 오히려 책상에 장시간 붙어 있었다. 대학생이 됐으니 리포트도 쓰고 인강도 들으라고 내가 사준 노트북을 책상 위에 고정해 놓고 열심히 롤LOL 을 했다. 그러다가 지겨워지면 배틀 그라운드나 메이플 스토리나 넷플릭스를 오갔다. 녀석은 책상 지

박령이라도 된 듯 식사도 음료수도 책상에서 해결했다. 문제는 먹고 치우질 않아서 보다 못한 내가 혼내야 했다.

주중에는 원이가 24평 빌라를 독차지했다. 신축 빌라여서 내부 시설도 깔끔하고 좋았다. 함께 보육원을 퇴소한 친구들은 원룸이나 고시원, 기숙사 같은 곳에서 살 때 녀석은 거실 소파에 누워 내 블루투스 스피커로 음악을 들으며 여유를 만끽했다. 공과금, 식료품, 생필품 등 생활비는 내가 모두 지불했으므로 녀석은 경제적으로도 여유로웠다. 원이는 자립 수당과 기초생활수급비를 합쳐 월 85만 원을 순수하게 용돈으로 사용할 수 있는 호사스러운 기초생활수급자였다.

하지만 나는 녀석이 호화롭게 살도록 내버려두지 않았다. 85만 원 중 50만 원은 디딤씨앗통장에 저축하라고 시켰다. 한번은 원이가 디딤씨앗통장은 일반 적금통장보다 5퍼센트나 금리를 더 쳐준다는 소리에 깜짝 놀라서 찾아보니 아니나 다를까 녀석의 착각이었다. 무려 세무회계를 배웠다는 녀석이 5퍼센트와 0.5퍼센트를 헷갈리느냐고 했더니 그런 건 배운 적이 없는 것 같다고, 잘 기억나지 않는다고 했다. 아무튼 디딤씨앗통장은 시중금리보다 5퍼센트가 아닌 0.5퍼센트 이자를 더 쳐주고, 보호 종료 이후에도 만 24세까지 월 50만 원 범위에서 납입

할 수 있었다. 녀석이 50만 원씩 저축하더라도 한 달에 35만 원을 용돈으로 쓸 수 있었다. 코로나 시기여서 학교 수업도 온라인으로 진행됐으니 교통비나 식비가 들지 않아서 충분히 생활할 수 있을 거로 생각했다.

녀석은 내 집에서 사는 걸 만족해했다. 친구와 원룸을 얻어서 살겠다던 원이는 어디에도 없었다. 이사 온 지 나흘 만에 녀석은 "삼촌 집에 친구좀들여도댈까여ㅎㅎ"라는 문자를 보내왔다. 원이는 살면서 한 번도 친구를 집에 데려온 적이 없을 터였다. 자신이 고아인 걸 숨기는 데 급급했으니 보육원으로 친구를 초대하는 일도 없었을 터. 집에 친구를 불러서 놀고 싶은 녀석의 마음이 이해됐다. 맞춤법 하나 제대로 지키지 못하는 녀석의 오타를 지적하기보다 내 집이 생겼다는 안정감을 느끼게 해주고 싶었다. 그 후에도 내가 통영에 있는 평일에 종종 친구를 집으로 초대해서 놀거나 재워도 되냐는 연락이 왔다. 친구들의 방문이 잦아질 때쯤 녀석과 친구로 지내며 집까지 드나드는 아이들이 누구인지는 알아야 할 것 같았다. 그래서 물어보면 녀석은 "두 명이에요."라거나 "착한 애예요."라며 동문서답을 했다. 그런 녀석에게 가족이나 어른에게 친구를 어떻게 소개해야 하는지 설명했다.

"삼촌은 친구만 200명쯤 있는데 다 착한 애거든. 그런 주관적인 정보로는 집에 와서 자는 애가 누군지 특정할 수가 없잖냐. 소개라는 건 어떤 사람인지 특정할 수 있어야 해. 보통 친구를 집에 데려올 때는 어른들한테 친구 이름과 간단한 이력 정도를 얘기하는 거야. '고등학교 2학년 때 같은 반이었던 아무개예요.' 이런 식으로."

원이와 같이 보육원 생활을 한 재우는 나도 잘 알았으므로 주말에도 가끔 와서 자고 갔지만, 다른 아이들은 평일에만 데려왔기에 이런 식으로 누가 오는지 파악했다. 그러다 한번은 내가 부산 집으로 가는 주말인데도 친구 둘을 집으로 불러서 같이 자겠다고 했다. 어떤 친구인지 물으니 고등학교 친구들이라고 했다. 이름을 물어보니 한 명은 여자 이름이었다. 아무리 친해도 여자애랑 같은 방에서 잘 수는 없으니 너랑 다른 친구는 옷방에서 자고 여자애를 네 방에서 재우라고 했다. 녀석이 집 정리를 안 해뒀을 것 같아서 친구들 오기 전에 집 청소를 하라고 했는데 이미 친구들이 와서 놀고 있다고 했다. 원래 사람을 초대할 땐 집을 먼저 깔끔하게 정리하는 게 예의고, 그래서 역으로 집 정리를 하고 싶으면 사람을 초대한다고 설명했다. 앞으로는 집 청소 안 하면 사람 초대 못 한다고도 했다.

친구 초대가 너무 잦다고 생각할 때쯤, 주말에 쉬러 왔다가 집이 엉망으로 변해있는 걸 확인했다. 원이를 불러 조용히 타일렀다.

"집이 생겨서 좋은 건 알겠는데, 집이란 곳은 가족들의 공동생활 공간이자 휴식 공간이야. 누군가 가볍게 놀러 왔다 가는 호텔이나 펜션 같은 곳이 아니야."

집이란 공간의 의미를 이해했는지 원이는 그날 이후 친구를 집에 들이는 걸 자제했다. 어쨌든 시설이 아닌 집에서 생활한다는 것이 녀석에게 자신감과 안정감을 주는 것 같았다. 고아라는 걸 숨긴 채 사귀었던 중·고등학교 친구들에게 이제 와서 굳이 비밀을 밝히지는 않았지만, 새로 만나는 사람들에게는 자신의 핸디캡을 숨기지 않았다. 이젠 보육원에 살지 않으니 자신이 고아인 걸 사람들이 알아도 상관없다고 했다.

공동 주거 공간이 아닌 내 집에서 잠들고 일어나는 것, 식판이 아닌 밥공기와 접시에 담긴 밥을 식탁에 앉아 가족들과 함께 먹는 것. 이 소소한 것들이 주는 행복과 안정감을 종종 잊고 살았다. 원이를 통해 가족의 소중함과 그 존재에 대해 감사함을 되새긴다.

당연한 듯 당연하지 않은

원이가 보육원에 살 때, 종종 같이 생활하는 아이들 흉을 보거나 원장님 이하 선생님들에게 서운했던 점, 보육원 시스템의 부조리함 등을 얘기한 적이 있었다. 그걸 통해서 아이들의 두 얼굴과 일부 교사의 그릇된 교육방식과 이기적인 후원자에 대한 정보를 습득했다. 녀석의 뒷담화에 가장 많이 소환되는 사람은 원장님이었다. 원이가 아기일 때부터 보육원을 퇴소할 때까지 돌봐준 분이니 애정의 온도나 야단치는 횟수도 높을 수밖에 없었을 것이다. 녀석은 원장님께 사랑받은 적도 많았을 텐데 혼난 것만 기억했다.

보육원 퇴소를 석 달 앞두고는 원장님이 하루걸러 잔소리를 해대서 너무 힘들다며 빨리 시설에서 나가고 싶다고 했다. 혼난 이유를 들어보니 역시나 퇴소 준비를 게을리하고 있었다. 나는 녀석에게 어른들은 걱정을 잔소리로 표현한다고, 퇴소를 앞두고 걱정되는 마음에 그랬을 거라고 타일렀다. 또 잔소리를 안 들으려면 네가 할 일을 미리미리 해놓으라고 충고했다. 만난 지 몇 년밖에 안된 삼촌도 네가 걱정돼서 만날 때마다 잔소리하는데 평생 너를 길러준 원장님은 오죽하겠냐고 했더니, 삼촌 잔소리는 느껴지는 게 있는데 원장님은 화풀이로 자기를 혼내는 것 같다며 동의하지 않았다.

이날의 대화는 우리에게 곧 닥칠 사건의 복선이었다는 걸 그때는 몰랐다. 녀석과 합가 후 3개월쯤 지나자 나는 원이가 그토록 학을 떼던 잔소리꾼 원장님이 돼 있었다. 정확히는 원장님이 왜 그렇게 원이에게 잔소리했는지 명백히 이해할 수 있었다.

녀석은 자고 일어나서 이불 정리를 하지 않았다. 더 정확히는 이불이 방바닥에 널브러져 있었는데 그걸 보고도 이불을 침대에 올려두지 않았다. 옷장이나 행거에 공간이 있음에도 옷을 걸지 않고 바닥에 던져 놨다. 속옷과 양말도 빨래바구니에 넣지 않고 방구석에 처박아뒀다. 내가 직접 이불을 개켜 침대 위에 정리하고 옷도 옷걸이에 걸었다. 그리고 정리정돈을 하라고 했다. 한 번에 알아들으면 김진원이 아니다. 같은 말을 몇 번 했더니 옷이 바닥에 나뒹굴지 않아서 안심했는데, 아니나 다를까 옷장 문을 여니 옷들이 우르르 쏟아졌다. 옷을 바닥에 두지 말라고 하니 둘둘 뭉쳐서 옷장 속에 처박아둔 것이었다. 옷을 이렇게 두면 퀴퀴한 냄새가 나고 옷감도 금방 상한다며 옷걸이에 반드시 걸라고 가르쳤다.

물건을 뜯으면 포장지를 쓰레기통에 바로 버리지 않고 그 자리에 뒀다. 화장실 서랍장에서 새 칫솔을 꺼내 쓰고 포장지는 세면대에 그대로 두거나, 라면을 끓여 먹고는 라면 봉지를 주방 서랍장에 그대로 방치한 것을 종종 발견했다. 너무 소중해서 모아둔 거냐고 물으면, 아차! 하며 나중에 버리려고 했단다. 굳이 나중에 버려야 할 정도로 힘들거나 시간이 걸리는 일도 아닌데 말이다. 이런 식으로 두 달만 살면 집안이 쓰레기장이 되겠다며, 쓰레기는 바로바로 버리라고 주의를 줬다.

컵을 사용했으면 싱크대에 갖다 놓아야 하는데, 다 쓴 컵은 책상 위에 둔 채 새 컵을 꺼내 썼다. 며칠 후엔 책상 위에 컵이 여러 개 쌓였다. 컵을 치우라고 했더니 컵을 아예 사용하지 않았다. 대신 물이나 음료수를 병째로 방에 가져가서 며칠이고 마셨다. 보다 못한 내가 물병을 방으로 못 가져가게 했다. 네 장래 희망이 히키코모리냐며 방에서 냉장고까지 멀지 않으니 방에서 안 나오려는 게으른 습관을 고치라고 했다.

방에서 음식을 먹다가 남으면 냉장고에 넣거나 버려야 하는데 곰팡이가 필 때까지 책상 위에 올려두기도 했다.

책꽂이에 냄비 뚜껑이 꽂혀있던 적도 있었다. 공부하다가 딴생각날 때마다 냄비 뚜껑을 보며 '나는 냄비근성입니다' 하고 자책하거나, 잠 올 때 머리라도 때리려는 용도냐고 물었더니 녀석이 씩 웃었다. 같이 웃어넘겼지만 머리 뚜껑이 열리는 것 같았다.

손톱을 뜯어서 방바닥에 버리는 버릇도 있었다. 앞으로 바닥에서 발견된 손톱은 알뜰살뜰 모아뒀다가 너 잘 때 입속에 털어 넣을 거라고 했는데, 다음부터는 제대로 버리겠다고 말한 후 이건 잘 지켰다.

컴퓨터를 켜놓은 채 외출할 때가 많았다. 전기세 낭비도 문제지만 컴퓨터 수명이 줄어드니 꼭 끄고 다니라고 가르쳤다. 누가 너 잠 안 재우고 밤낮 일 시킨다고 생각해 보라고 하니, 그 뒤로 잘 끄고 다녔다.

세탁기를 돌린 뒤 빨래를 바로 널지 않고 그대로 뒀다. 젖은 빨래를 그냥 두면 쉰내가 배일 수 있으니 세탁이 끝나면 바로 널도록 가르쳤다.

화장실 휴지를 다 쓴 후 새 휴지를 채워놓지 않았다. 다음 사람을 위해서 휴지 심은 버리고 새 두루마리 휴지를 끼워 놓으라고 가르쳤다. 휴지 채워놓는 걸 가르치면서는 정말 이런 것까지 모를까, 설마 이 녀석이 나를 맥이려고(?) 일부러 이러는 게 아닐까 의심했다.

녀석이 설거지는 미루지 않고 했지만 고춧가루나 밥풀 같은 음식물이 그대로 남아 있어서 내가 한 번 더 해야 했다. 기름기 있는 음식을 먹은 날엔 설거지를 마치고도 프라이팬에 기름기가 잔뜩 껴있었다. 기름 묻은 팬은 키친타월로 닦고 설거지해야 한다고 가르쳤다.

설거지를 마친 후 주변 정리를 해야 한다는 것도 몰랐다. 설거지 후에도 싱크대 바닥에 음식물이 붙어 있거나 국물 자국이 안 닦여 있었다. 수세미도 정리되어 있지 않았다. 설거지를 깨끗하게 안 해서 구정물이 식기 건조대 받침대에 흘러 더러워진 적도 있었다. 그럴 땐 설거지를 다시 하는 것은 물론이고 건조대 받침대까지 닦아야 했다. 설거지는 설거지대로 하고 감시자 역할까지 하다 보니 가끔 신경이 곤두서서 '이럴 거면 내가 다 하지 시켜서 뭐 하나'라는 생각도 들었다. 하지만 가사 노동을 다 해주면 녀석이 아무것도 배우지 못할 테니 그럴 수는 없었다.

장을 봐서 냉장고를 채워놔도 잘 챙겨 먹지 않아서 주말에 집에 왔을 때 음식이 상한 경우를 종종 발견했다. 내가 사둔 반찬이 입에 안 맞아서 그런가 싶어 녀석에게 카드를 주고 먹고 싶은 반찬을 직접 사 오게 했다. 녀석이 잘 안 챙겨 먹을 게 뻔했기 때문에 유통기한을 꼭 확인하고 날짜가 긴 걸 골라 오라고 했다. 배추김치를 사 오랬더니 총각김치를 사 오고선 지가 놀라는 모습엔 웃고 말았다.

일반 쓰레기와 재활용 쓰레기, 음식물 쓰레기를 구분하여 버리지도 않았다. 한번은 주말에 집에 와 보니 50리터짜리 종량제 봉투가 가득 차 있었다. 가정집에서 일주일 만에 50리터나 되는 쓰레기를 만들 수 있나 싶어서 봉지를 풀어보니, 배달용 플라스틱 용기와 음식물과 일반 쓰레기가 뒤섞여 있었다. 일주일 내내 배달 음식을 먹고 분리수거도 안 한 채 쓰레기를 버린 것이었다. 종량제 봉투를 이렇게 사용하는 것도 낭비라고 지적한 후, 분리수거하는 법을 가르쳤다. 분리수거를 제대로 안 하면 쓰레기를 아예 수거해가지 않거나 과태료를 낼 수도 있다고 설명했다.

전등을 안 끄고 다니는 건 예사였고, 비 오는 날 창문을 열어두고 나가서 집안에 비가 들이치거나, 에어컨을 켜놓고 나가거나, 보일러를 틀어놓은 채 창문을 열어놓고 나가서 난방비 폭탄을 맞기도 했다.

이런 일이 생길 때마다 매번 지적하고 설명해 줘야 했는데, 당연히 알 것으로 생각했던 기본적인 것들을 너무 몰라서 때론 당황했고, 같은 문제를 매번 지적해도 나아지지 않는 모습엔 화가 났다. 내 목소리가 가라앉으면 원이는 본능적으로 눈치를 보며 허둥댔다. 그러면 또 마음이 짠해져서 애써 기분을 끌어올려 녀석에게 장난을 걸곤 했다. 내 혈압은 꽤 자주 고저를 오르내렸는데, 그럴 때면 나의 스무 살을 떠올리며 뻗치는 화를 다스렸다.

나도 원이 나이 때는 아는 게 없었다. 독서를 좋아해서 지식은 많은 편이었지만 그 외의 것들, 그러니까 일상생활에 필요한 상식을 모르는 경우가 많아서 주변 사람들을 종종 놀라게 했다. 차근차근 설명해 주는 사람이 있는 반면 혀를 끌끌 차며 '모자란 놈' 취급하는 사람도 있었다. 나만 모자란 인간인 줄 알았는데 대학교 신입생 오티 때 대부분 인간은 모자란 면이 한두 개쯤 있다는 걸 알게 됐다.

쌀을 퐁퐁으로 헹구던 아이, 싹 난 감자를 그대로 썰어 찌개에 넣으려던 아이, 상추를 온수로 씻던 아이, 삼겹살 굽고 나온 기름을 싱크대에 붓던 아이 등 그야말로 총체적 난국이었다. 초·중·고 졸업하고 수능 봐서 대학까지 온 지성인들이 유독 일상생활에서 고군분투하는 모습이었다. 지금 생각해 보면 당연한 일이다. 이제 갓 대학에 입학한 아이들 대부분은 고등학교 때까지 가사 노동을 온전히 해본 적이 없을 터였다. 부모님과 살면서 어깨너머로 보고 배운 걸 따라 하는 시늉은 하겠지만 어디까지나 시늉이다. 평범한 가정에서 자란 아이들도 이럴진대 녀석은 오죽하겠는가.

물론 보호아동들도 시에서 운영하는 자립시설에서 며칠 동안 생활하며 밥 짓기, 빨래, 청소 등의 교육을 받지만 단발성 이벤트에 불과해서 큰 도움이 안 된다. 정작 아이들이 생활하는 보육원에서는 선생님들이 가사 노동을 대신해 주니, 원이도 집안일을 할 줄 모르는 게 당연했다. 또한 몇 번을 말해도 잘 안 지켜지는 것들은 보육원에서 공동생활을 하며 19년간 몸에 밴 영향이 큰 것 같았다. 보육원엔 여러 아이가 함께 살고 사회복지사도 상주하며 아이들의 일거수일투족을 챙긴다. 원이가 전등을 안 끄면 성경이가 끄고 성경이가 잊으면 재우가 끄는 형식이었을 테다. 설령 모든 아이가 전등 끄는 걸 잊었다 해도 선생님이 마지막으로 점검했을 터였다. 내가 안해도 누군가는 할 테니 비 오는 날 창문을 닫거나 외출할 때 보일러를 꺼야 한다는 것도 굳이 생각할 필요가 없었을 것이다. 원이가 계속 놓치는 것들은 공동생활을 했던 아이들이 하루아침에 익히기 힘든 것으로 여겨졌다. 이건 가정에서 부모님 어깨너머로 보고 잔소리를 들으며 배워야 하는 것이다. 원이의 고쳐지지 않는 습관들을 보면서 시설에서 나고 자란 아이들은 성인이 되어 그곳을 떠나면 제아무리 똑똑한 인간도 서툰 인간이 되겠구나 싶었다. 우리가 당연하다고 여기는 많은 것이 어떤 아이들에게는 당연한 것이 아니었다.

쩐의 전쟁 : 더 비기닝

원이는 경제관념이 없었다. 재테크 방법을 모른다는 게 아니다. 돈을 어떤 상황에서 어떻게 써야 하는지, 그 가격이 적정한지 몰랐고 자신이 지금 아끼고 저축해야 하는 상황이라는 인식 자체가 없었다. 즉, 상황 파악을 못 하고 있었다.

녀석이 운동을 좋아해서 고등학교 3학년 때 피트니스 센터에 다녔는데 스포츠 바우처*가 끝나서 센터를 더 못 다니게 되었다. 운동을 계속할 거면 내가 끊어주겠다고 했더니 친구랑

●   만 5세부터 18세까지의 기초생활수급자. 차상위계층, 법정 한부모가정 자녀들이 지원받을 수 있으며, 매월 10만 원 내의 스포츠 강좌를 들을 수 있다.

복싱장에 다니기로 했단다. 그럼 복싱장을 끊어주겠다고 했는데 발바닥에 사마귀가 나서 완치되면 다니겠다고 했다. 3개월이 지나도 아무 말이 없어서 발바닥은 어떠냐고 물었더니 아직 안 나았단다. 그쯤 되면 불치병 아니냐고 물었더니 코로나 때문에 병원을 못 가고 있다고 했다. 귀찮으니 코로나를 핑계로 병원엘 안 가서 안 나은 거였다. 내 집에 전입하고서도 병원 갈 생각을 안 하기에 녀석을 몇 날 며칠 쪼아서 병원에 보냈다. 병원에 다녀온 날 진료비가 얼마나 나왔는지 물었더니 5만 원 가까운 금액을 얘기했다. 일반적인 진료와 처방만 받았을 뿐인데 금액이 너무 비싼 게 이상했다. 진료비 계산서를 살펴보니 공단 부담금이 없었다. 아뿔싸, 원이는 국민건강보험에 가입되어 있지 않았다. 나는 평생 부모님의 피부양자로 건강보험에 가입되어 있다가 취직하면서 자연스럽게 직장 가입자로 전환되었다. 그러니 따로 가입한 기억이 없음에도 계속 건강보험 혜택을 적용받았다. 하지만 원이는 아니었다. 건강보험부터 가입해야 했다.

보육원에는 아이들이 퇴소한 후에도 일정 기간 관리해 주는 사회복지사 선생님이 있다. 원이에게 건강보험에 대해 선생님께 알아보라고 하니 귀찮아하며 미루려고 했다. 녀석은 이 간단한 진료에 쓰인 5만 원이 얼마나 큰 금액인지 인지하지 못했다. 오바마 전 대통령도 부러워해서 미국에서 따라 하려고 했던 건강보험이라며, 미국은 이런 건강보험이 없어서 피 한 번 뽑는 데도 수십만 원이 들고 아프면 바로 빚쟁이가 될 수 있다고 설명했다. 귀찮아서 건강보험 가입을 미루다가 사고가 나거나 병에 걸리면 너도 빚쟁이가 될 수 있다며 겁도 줬다. 그렇게 들들 볶아서 건강보험을 알아보게 했다. 보육원에서 자란 아이들이 보호종료아동으로 전환되었다고 바로 이런 복지 허점이 생길 수 있는 건지, 줄곧 국민건강보험 가입자로 살아온 나로서는 이해되지 않았다. 어쨌든 보육원에서 병원비 걱정을 안하고 살아온 원이는 병원비 무서운 줄 몰랐다. 보육원에서 퇴소한 다른 아이들도 이런 상황일까 봐 걱정됐다.

또 원이는 시력이 나빠서 초등학생 때부터 안경을 꼈다. 안경 끼는 게 불편하기도 하고 주기적으로 교체하려면 비용도 많이 들었다. 스무 살이 되고 녀석이 외모에 부쩍 신경 쓰는 듯해서 라식을 해보면 어떻겠냐고 권했다. 나 역시 십여 년 전에 라식수술을 해서 지금은 양쪽 시력 1.0 이상을 유지할 정도로 만족도가 높았다. 내 경험을 이야기해 주니 녀석도 라식에 관심을 가졌다. 그러고는 며칠 동안 인터넷으로 병원을 알아보더니 그중 한 군데를 선택했다며 같이 가달라고 했다. 시내 중심가에 있는 큰 안과병원이었는데 건물 여덟 개 층을 통째로 쓰고 있었고 내부 시설도 깔끔했다. 주말 오전에 방문했더니 이른 시간부터 진료받으러 온 사람들로 바글거렸다. 코디네이터로부터 상담을 받았는데 내가 수술했던 시기에 비해 수술비가 많이 올라서 깜짝 놀랐다. 가격이 부담스럽게 느껴졌는데, 내가 수술비를 내주는 게 아니어서 괜한 걸 부추겼나 싶었다. 지금은 기계나 의료 기술이 내가 수술받았을 때보다 좋아졌을 테니, 가장 저렴한 라식수술을 선택해도 십 년 전보다 더 낫지 않을까 생각했다. 그래도 몸에 칼을 대는 거고 수술 당사자가 원이다 보니 싼 거 하자고 선뜻 말하기 어려웠다. 녀석도 부담을 느끼지 않을까 걱정하고 있는데, 원이는 해맑게 웃으며 제일 비싼 200만 원대 수술을 골랐다. 200만 원이라는 큰돈을 쓰면서 해맑은 표정을 짓는다는 게 조금 놀라웠다.

물론 원이에게 그 정도 수술비를 부담할 돈은 있었다. 원이가 성인이 될 때까지 나와 다른 후원자들이* 녀석의 디딤씨앗통장에 모아준 예치금이 2,000만 원가량이었고, 보육원을 퇴소하면서 받은 정부 정착지원금 500만 원에 용돈 통장에도 수백만 원이 있었다. 이제 막 스무 살이 된 청년에게 3천만 원가

● 　원이가 내 집에서 독립하기 직전에 녀석의 디딤씨앗통장을 확인해 봤더니 나 말고도 후원금을 꾸준히 넣어준 사람이 있었다. 다만 원이도 그 사람이 누구인지 모르는 걸로 보아 보육원을 통해 금전적 후원만 하는 후원자인 것으로 짐작했다.

량의 돈은 큰 금액이었다. 수술비도 녀석이 부담하는 데다 라식수술의 장·단점이나 위험성에 대한 의료지식이 없는 나로서는, 원이가 원하는 수술을 하겠다는 걸 반대할 수 없었다. 하지만 수백만 원을 일말의 고민 없이 쓰는 녀석을 보면서 경제관념을 의심하게 되었다. 사회 초년생에게 200만 원이 얼마나 큰 돈인지, 차곡차곡 모아놓은 목돈이 앞으로 살아가는 데 얼마나 중요한 역할을 하는지 원이가 전혀 모르고 있음은 확인한 셈이었다.

물건을 살 때도 마찬가지였다. 선물용 케이크를 구매하는데 녀석은 프랜차이즈 빵집에 들어가서 무려 5만 원이 넘는 가장 큰 케이크를 골랐다. 상대가 케이크를 좋아하는지 싫어하는지도 모르고, 이벤트를 할 것도 아닌데 굳이 이렇게 비싼 케이크를 살 필요가 있나 싶었다. 잠자코 지켜보고 있으니 원이가 계산대로 가서 바로 5만 원을 현금 결제하려고 했다. 내가 끼어들어 통신사 할인을 받으라고 하니까 그럴 필요 있냐며, 할인을 대수롭지 않게 여겼다. 통신사 할인 받는 데 특별한 노력이 필요한 것도 아니고 10퍼센트나 할인되어 5천 원을 아낄 수 있다고 얘기했지만, 원이는 귀찮다는 듯 5만 원을 바로 현금으로 결제해 버렸다. 안되겠다 싶어서 녀석에게 어느 통신사를 쓰는지 멤버십 등급이 뭔지 물어봤는데 그게 뭐냐는 질문이 돌아왔다.

그래서 먼저 원이의 통신사를 확인한 후 해당 통신사의 멤버십 할인 정보 링크를 보내주고, 제과점이나 편의점 등 자주 가는 곳을 기억했다가 할인받으라고 설명했다. 알겠다고 대답은 했지만 별로 관심이 없는 듯했다. 이처럼 물건을 살 때 원이는 가격을 따져 보지 않고 할인이나 적립도 대수롭지 않게 여겼다. 이쯤 되니 종종 배송 오는 택배도 걱정됐다. 저 안에 있는 옷은 얼마일까 싶어서 언젠가 가격을 물어봤는데 정확히 얘기해주지는 않고 싼 것만 산다고 했다.

나는 어릴 적부터 돈 모으는 데 일가견이 있었다. 초등학교 2학년 때 2주에 1,000원씩 용돈을 받기 시작했는데, 어머니는 용돈을 줌과 동시에 나를 농협으로 데려가 통장을 만들고 저축하는 법을 알려주셨다. 친구들이 문방구에서 뽑기를 하거나 과자를 사 먹을 때 나는 2주마다 은행에 가서 용돈 전부를 저축했다. 당시 은행 이율이 10퍼센트 전후였던 걸로 기억하는데, 원금이 쌓이는 데다 이자까지 통장에 주기적으로 찍혀서 숫자가 계속 불어나는 게 너무 신기하고 재미있었다. 그래서 용돈을 단 한 푼도 쓰지 않고 세뱃돈까지 모두 모으니 2년 만에 10만 원에 달하는 돈이 생겼다. 이사 가는 날 어머니는 내게 돈을 빌려(?) 누나의 책상을 사주었다. 돈을 돌려받지는 못했지만 저축의 즐거움은 남았다. 그 후에도 돈 모으기 계획에서 한 번도 실패한 적이 없었다. 일단 계획을 세우면 다른 지출을 줄여서라도 (심지어 밥을 굶어서라도) 목표를 달성하는 성미라 부모님이 점심값으로 2,500원을 주면 1,000원으로 점심을 해결하고 나머지 1,500원을 저축했다. 그러다 보니 돈 모으기를 계획하면 항상 예정액보다 초과 달성했다. 이건 나의 성격도 한몫했겠지만, 부모님의 검소한 경제습관을 어릴 때부터 지켜보며 학습한 결과이기도 했다. 하지만 원이는 이런 경제교육을 받은 적이 없다.

원이가 돈을 너무 막 쓰는 모습을 보고 다른 고민도 생겼다. 나를 포함한 후원자들이 아이들 앞에서 소비하는 모습이 녀석들에게 해를 끼치는 게 아닐까 생각했다. 후원자들은 대개 경제적 여유가 있다. 그리고 아이들을 향한 동정심이나 자신을 과시하기 위해 비싼 음식이나 고가의 물건을 사주기도 한다. 평소 검소한 생활을 하는 사람일지라도 후원 아동과 다닐 때면 망설임 없이 지갑을 연다. 값싼 식당을 찾아 돌아다니거나 물건값을 깎으려고 흥정하지 않는다. 나 역시 그랬다. 시간이 지날수록 챙기는 아이들이 늘어서 원이를 포함해 다섯 명을 데리고 다녔다. 그러면 어쩔 수 없이 택시 타는 일이 잦았다. 그런 일이 반복되다 보니 여러 명의 아이와 만날 때마다 원이는 내게 택시를 타자고 쉽게 얘기했다. 후원자들의 소비가 아이들에게 '돈은 이렇게 쉽게 쓰는 거'라는 착각을 심어주는 게 아닌지, 그래서 아이들의 소비습관에 부정적인 영향을 끼치는 게 아닌지 고민하게 됐다.

쩐의 전쟁

주말에 집에 와 보면 일주일 동안 녀석이 어떻게 생활했는지 짐작할 수 있었다. 쌓여있는 음식물 쓰레기와 종량제 봉투 배출량으로 봤을 때, 원이가 음식 시켜 먹는 데 돈을 펑펑 쓴다는 걸 알 수 있었다. 그리고 녀석은 주말에도 친구들과 놀다가 늦게 들어왔다. 코로나로 학교까지 안 가니 남는 게 시간이었고 원이는 통장에 돈까지 많았다.

녀석이 목돈을 다 써버릴까 봐 걱정돼서 아르바이트를 구하라고 했지만 그때마다 '코로나 때문에 알바 자리가 없다.'고 했다. 정작 내가 구직 사이트를 뒤져보면 일자리는 넘쳐났다. 정부에서 매달 85만 원을 통장에 입금해 주고, 생활비도 내가 부담하니 녀석은 일할 생각을 안 했다. 공부라도 하면 다행일 텐데 열심히 놀기만 했다.

원이를 어떻게 키워야(?) 할지 고민이 늘어갈 때쯤 장인을 찾아갔다. 장인이 운영하는 보육원은 그의 할아버지가 한국전쟁으로 고아가 된 아이들을 보살피기 위해 전 재산을 털어서 세운 곳이었다. 그의 할아버지가 아버지에게 물려주고 지금은 장인이 물려받아 운영 중이었다. 보육원에 도착하니 마침 올해 퇴소한 아이들이 장인을 보러 와 있었다. 얼떨결에 나도 그 자리에 껴서 대화하게 됐는데, 한 아이는 수영 강사가 돼서 매일 새벽 출근을 한다고 했다. 다른 아이는 아파트 건설 현장에서 일하며 월 300만 원 정도를 버는데 월급의 90퍼센트를 저축한다고 했다. 또 다른 아이는 운동 특기생으로 대학에 다니며 전국체전을 준비하고 있었다. 그들 얘기를 듣고 있으니 마음이 쪼그라들었다. '아빠 친구 아들'이라는 단어가 저절로 떠오르며 내 아이들 상황과 비교하게 됐다.

갈 곳 잃은 재우(재우는 빵집에서 해고됐고, 살던 곳에서도 쫓겨났다)와 지금도 방구석에 처박혀 게임만 하고 있을 원이가 떠올랐다. 장인의 아이들이 부럽기도 했고 한편으론 나 자신이 부끄러웠다. 장인은 이 많은 아이를 이렇게 올바르고 성실하게 키웠을까 싶었고, 내 방임으로 원이의 삶이 망가지고 있는 게 아닌가, 걱정도 밀려왔다.

그날 저녁, 원이에게 통장을 가져오라고 했다. 그간 어디에 어떻게 돈을 썼는지부터 확인해 봐야 했다. 녀석이 쭈뼛대며 통장을 가져왔기에 불안감이 엄습했다. 다행히 디딤씨앗통장에 든 2,000만 원은 건드리지 않았다. 하지만 정부지원금 500만 원과 수백만 원이 있었던 용돈 통장은 많은 금액이 비어 있었다. 라식수술에 200만 원을 쓴 건 그렇다 쳐도 유흥비로 두 달 동안 400만 원이나 쓴 걸 확인했다. 녀석에게 어찌 된 일인지 물었더니 친구들과 모이면 내기를 하는데 게임에서 지는 사람이 술값을 다 낸다고 했다. 처음에는 내기에서 이겨 술값을 안 낸 적이 많았는데, 뒤로 갈수록 내기에 져서 자신이 낼 때가 많았다고 했다. 골이 지끈거렸다.

내 눈치를 살피던 녀석은 다른 아이들 근황을 소상히 일러바치며 빠져나갈 궁리를 했다. 녀석과 동거인이 될 뻔했던 친구는 소비중독에 빠져 디딤씨앗통장까지 깨고 말았단다. 다른 아이들도 이런저런 이유로 가진 돈을 진작 탕진했는데 자기만 디딤씨앗통장을 깨지 않았다며 자랑스러워했다. '너도 삼촌 없었으면….' 이라는 말이 목구멍까지 올라왔지만 애써 삼켰다. 짜증이 났다. 동시에 불편을 감수하면서 녀석과 같이 살자고 한 게 다행이라는 생각도 들었다. 이제 갓 성인이 된 보호종료아동에게는 자유로운 주거 환경이나 죽이 잘 맞는 친구보다는 옆에서 감시하고 잔소리해 줄 가족이 필요할 거란 내 판단이 적절했다는 생각이었다.

화낸다고 해서 이미 공중분해 된 400만 원이 다시 생기진 않을 터. 녀석을 앉혀놓고 차분하게 설명했다.

"삼촌이 너랑 같이 살게 될지 몰랐을 때, 네가 보육원 퇴소하면 방을 잡아야 하는데 보증금이 없을까 봐 디딤씨앗통장을 만들어서 매달 8만 원씩 모았어. 그렇게 3년을 꼬박 모은 돈이 300만 원이야. 그런데 네가 두 달 동안 쓴 돈이 400만 원이네? 그것도 술값으로?"

녀석은 잘못했다고 했다. 그날 이후 외출을 자제하는 듯했지만 그건 반성의 차원이 아니라 돈이 없어서였다. 매달 정부지원금 85만 원이 입금되는 날이면 기다렸다는 듯이 친구들과 늦게까지 놀다 들어왔다. 주말에 부산 집으로 올 때마다 신경이 곤두섰다. 이 녀석을 어떻게 해야 할지 걱정과 한숨도 늘어갔다.

뾰족한 방법은 없었지만 적어도 원이가 지금처럼 살도록 방치하면 안되겠다는 생각이었다. 우선 돈 관리부터 가르쳐야 했다. 계획 없이 돈을 쓰다 보니 녀석은 자기가 얼마나 과소비 하는지 인지하지 못하고 있었다. 그래서 생각해 낸 게 가계부 쓰기였는데, 실은 나도 가계부를 쓸 줄 몰랐다. 나의 저축 습관이나 경제관념은 어릴 때부터 몸에 밴 거라 굳이 가계부를 쓸 필요가 없었다. 그래도 녀석에게는 꼭 필요하다는 생각에 가계부 쓸 것을 권하고, 인터넷에서 가계부 쓰는 법을 설명한 책을 찾아보라고 했다. 그중에 네가 실천할 수 있는 내용이 담긴 책을 사라고 돈을 준 후 통영으로 왔다. 주말에 집에 가서 가계부 쓰는 걸 시켜보려고 목요일에 전화해서 책은 샀는지 물었더니 녀석이 한다는 말이 가관이었다.

"아 맞다. 그거 사려고 서면 쪽 서점에 가봤는데 아동도서만 팔더라구요. 집 근처엔 서점이 없어서 대학가로 넘어갈 때 교보문고 가서 사려구요."

말도 안 되는 얘기다. 서면은 부산의 대표 번화가로 백화점과 각종 쇼핑몰, 식당, 호텔, 금융회사가 즐비한 곳이다. 교보문고는 물론 알라딘 중고서점도 있다. 1968년에 문을 열어 지금까지 명맥을 유지하는 영광도서도 있다. 휴대폰으로 검색만 해도 나오는 대형서점을 못 찾는다는 게 말이 안 된다. 그런 곳에서 아동도서만 파는 서점을 찾았다는 게 더 신기하다. 말인즉 녀석은 애초에 서점을 가지도, 책을 알아보지도 않았다는 얘기다. 게다가 대학가에 넘어갈 때 책을 사겠다는 말은 최소 몇 주 안에는 책을 살 계획이 없다는 의미였다. 대학가는 집에서 한 시간 거리이고 서면은 20분 거리다. 원이는 가끔 친구 부탁으로 피시방 아르바이트 대타를 뛸 때 대학가에 갔다. 그마저도 야간 아르바이트니까 녀석이 대학가에 있는 시간에는 서점 문이 열리지 않는다. 즉, 굳이 책을 사러 나갈 마음은 없으며, 친구가 피시방 아르바이트를 부탁했을 때 그때 안 까먹으면 책을 사겠다는 의미로밖에 해석이 안 됐다.

내 침묵에 위기를 직감했는지 녀석은 다음 주중에 대학가에 갈 것 같으니 그때 꼭 사겠다고 했다. 그 말에 더 화가 났다. 코로나로 인해 학교 수업도 오전에 온라인으로 몇 시간 듣는 게 다였다. 아르바이트도 안 해서 녀석에겐 넘치고 남아도는 게 시간이었다. 그런데 가계부 쓰는 법을 알려주는 책 한 권 사는 데 왜 다음 주까지 기다려야 할까? 굳이 일주일을 연기하여 한 시간 거리의 대학가 서점에 들러서 책을 살 필요도 없었다. 인터넷 서점에서 주문하면 늦어도 모레까진 배송될 테니까.

너무 실망스러워서 네가 하기 싫은 걸 억지로 시킬 마음은 없으니 가계부 쓰는 일은 없던 일로 하자고 했다. 원이가 당황하며 자기가 직접 가계부를 만들어서 써보겠다고 했다. 녀석은 내 말의 행간을 이해하지 못한 게 분명했다.

"나한테 검사받기 위해 쓰라는 게 아니야. 가계부 쓰는 법을 알려주는 책을 사 오라고 한 건, 전문가들이 어떻게 효율적으로 가계부를 작성하는지 공부하기 위해서야. 그걸 통해서 돈 관리하는 법을 익히라는 거지. 가계부를 쓰는 데 의의를 두지 마. 그런 건 글씨 연습밖에 안돼."

원이는 죄송하다고 했으나 며칠이 지나도 가계부 얘기는 없었던 걸로 보아 서점에 가지도 책을 사지도 않은 것 같았다. 결국 원이에게 가계부 쓰는 법을 가르치지 못했다. 녀석에게 돈 관리하는 법을 알려주려던 계획은 실패로 돌아갔다.

실패의 기록

가사 노동이나 경제관념 같은 건 일일이 설명하고 혼내며 가르쳤지만, 대학교 학자금 정보라든지 녀석의 외부 활동에 대해서는 원이를 들들 볶아 스스로 알아보게 했다. 녀석이 수집해 온 내용을 내게 설명하면 일단 들어보고 이상하거나 궁금한 점은 다시 알아 오라고 시켰다.

한번은 대학교에 내야 한다며 나에게 수십만 원을 빌려달라고 했다. 나중에 장학금 심사를 해서 돈을 받으면 갚겠다고 했다. 원이가 대학 생활을 하는 데 필요한 돈이라면 빌려주는 게 아니라 그냥 줄 수도 있었지만 녀석은 기초생활수급자라 전액 장학금이 나올 터였다. 의아했다. 그 돈을 어디에 쓸 건지 물었더니 학회비를 내야 한단다. 아직 입학식도 안 했는데 학회비를 낸다는 게 이상해서 학회에 가입한 적이 있냐고 물으니 없다고 했다. 그럼 학회가 뭔지 아느냐고 물으니 모른단다. 녀석을 앉혀놓고 학회가 뭔지, 학회비를 내려면 어떤 단계를 거쳐야 하는지 차근차근 설명했다. 학회가 뭔지도 모르는 신입생들을 은근슬쩍 학회에 가입시켜서 돈을 걷는다면 문제를 제기해야 할 상황이었다.

대학교에는 학과 조교가 있을 테니 거기에 물어보거나 대학교무처에 전화해서 네가 내야 하는 돈의 명목을 정확히 알아오라고 시켰다. 녀석이 학교에 전화해 보고는 수업비라고 들었다기에, 너는 전액 장학생인데 왜 수업비를 내는지 다시 알아보라고 했다. 원이가 다시 알아보더니 장학금이 1·2유형이 있는데 1유형은 학생 직접 지원형이어서 안 내도 되고, 2유형은 대학 연계 지원형인데 입학금, 수업료 범위에서 대학교가 자체 기준에 따라 지원하므로 우선 수업료를 입금한 후, 다음 해 1월 말에 심사 후 통과하면 돌려준다고 설명했다. 역시나 녀석이 처음에 말했던 학회비는 잘못된 정보였다.

사실 내가 직접 알아본다면 더 빠르고 정확히 파악할 수 있었을 거다. 하지만 그렇게 하면 원이가 배우는 게 없다. 나는 성

인이 된 녀석의 뒤치다꺼리를 해주는 헬리콥터 삼촌이 될 생각
은 눈곱만큼도 없었다. 녀석은 이제 성인이니 자기 일을 스스
로 해결할 줄 알아야 했지만, 사회경험이 없으니 뭐가 잘못되
었고 어디서부터 어떻게 문제를 해결해야 하는지 몰랐다. 그래
서 원이와 관련된 일은 녀석 스스로 알아보게 한 후, 내가 납득
할 수 있을 때까지 줄기차게 질문해서 녀석이 제대로 된 내용
을 알고 있는지 확인했다. 대화하다가 궁금한 게 생기면 녀석
에게 다시 알아 오라고 시켰다. 그 짓을 하다 보면 녀석보다 더
답답한 건 나였다. 그럼에도 그렇게까지 했던 이유는 얼렁뚱땅
일 처리를 하다가 혹시라도 보이스피싱 등 사기의 피해자가 되
거나 자기도 모르게 범죄에 연루될 수도 있기 때문이었다.

　원이는 깐깐한 나와 살며 이런 부분을 강제로(?) 배우고 있
었지만 재우는 이미 곤란한 상황을 겪고 있었다. 아동복지협회
의 규칙을 어겨 숙소에서 쫓겨난 것 외에도, 한 달 통신비로 십
만 원이 훌쩍 넘는 돈을 내고 있었다. 왜 이렇게 통신비가 많이
나오는지 물어보니 아는 형을 통해서 휴대전화 '등'을 가입했
단다. 녀석의 요금제를 보니 텔레비전과 인터넷 결합상품에도
가입되어 있었다. 재우가 사는 곳에 텔레비전이 있는지, 인터
넷을 쓰는지 물어보니 이미 와이파이가 설치되어 있으며 텔레
비전은 없다고 했다. 또한 할부가 한참 남은 휴대전화를 분실

하고 또다시 새 휴대전화를 할부로 구매했단다. 원이였다면 내가 들들 볶아서라도 할부가 끝날 때까지 중고폰을 구해서 쓰라고 했을 것이다. 이런 걸 알려주는 사람이 없고 본인도 꼼꼼히 따져 볼 줄 모르니 아는 사람에게 속아서 필요도 없는 결합상품에 가입하고 비싼 통신 요금을 납부하고 있었던 거다.

원이가 더 똑똑하고 재우가 어리숙해서 벌어진 일이 아니다. 보육원에서 하루아침에 가르칠 수 있는 것도 아니다. 아이들이 어떤 문제에 부딪힐 때마다 조언해 줄 수 있는 사람이 있었느냐의 차이였다. 그게 가족, 그중에서도 어른의 역할이다. 인터넷이 제아무리 정보의 바다라고 한들 그것만으로 해결할 수 없는 문제가 사회에는 너무나 많다. 아이들에게는 늘 가까이에서 조언해 줄 어른이 필요하다.

55만 원의 굴레

원이는 보육원에서 나오면 곧바로 아르바이트를 알아볼 거라고 했다. 그런데 막상 감시자 없는 쾌적한 공간에 혼자 살게 되고 생활비도 들지 않는데 매달 85만 원씩 정부지원금을 받으니 일할 마음이 없어진 듯했다. 매일 집에 처박혀 게임과 드라마 시청으로 시간을 보냈고, 코로나로 학교에 못 가는 상황이라 시간이 남아도는데 코로나를 핑계로 아르바이트 자리가 없다며 일을 찾지는 않았지만, 친구들과 밤늦게까지 놀다가 들어왔다. 미래를 위해서 아르바이트 경험도 쌓고 돈도 저축해놓아야 한다고 말하면 "그렇네요. 알아볼게요."라고 대답만 하고 진전이 없었다. 개강한 지 3개월이 넘도록 아르바이트를 구하지 않았다. 정말 일자리가 없는지 사이트를 찾아보니 구인 공고는 많았다. 녀석에게 링크를 보내주고 그중 몇 군데 지원해 보면 좋겠다고 말했는데 흘려듣는 눈치였다. 녀석은 직접 아르바이트를 찾아보지 않고 아는 형이나 친구를 통해 일을 찾는 것 같았다.

그렇게 몇 개월을 허비하고 11월이 될 때까지도 녀석은 끈질기게 일자리를 구하지 않고 지인 소개로 피시방이나 결혼식 뷔페 알바 같은 부정기적인 일만 했다. 그러고 남는 시간엔 게임을 하거나 드라마를 봤다. 보다 못한 내가 너 여유 부릴 상황 아니라고, 남들과 똑같이 놀 생각하지 말라고 나무랐다. 열심히 살아도 좋은 날이 온다는 보장은 없지만 열심히 안 살면 좋은 날이 안 오는 건 확실하다고 충고했다. 그랬더니 녀석이 변명을 늘어놨다. 매일 구인 사이트에 들어가서 일을 알아보고 있으나 코로나 때문에 자리가 없고, 21세 이상 또는 여자만 구하는 곳이 많고, 경험자를 우대해서 자기가 할 만한 일이 없다고 했다. 또 운전면허 시험 보기 전에 들어야 할 교육도 신청하고, 드라마는 틀어만 놨을 뿐 그 시간에 과제를 한다고 했다.

녀석의 변명에 속된 말로 '빡'이 돌았다. 과제가 많으면 집중해서 빨리 끝내야지 드라마를 틀어놓으면 과제가 제대로 되느냐고 물었다. 운전면허도 그렇다. 보육원 퇴소 전에 무료로 딸 기회가 있어서 준비할 거라고 했다. 그런데 1년 가까이 지난 시점에 고작 한다는 말이 교육 신청하느라고 바빴단다. 인터넷으로 교육 신청하는 게 뭐 그리 시간이 걸리는 일이란 말인가. 아르바이트도 어디에 지원했는지 캡처해서 보내라고 했더니 어디인지는 말하지 않고 전화로 신청했고 친구랑 놀러 간 날 면접을 봤는데 신청자가 많아서 떨어졌다고 했다.

지인에게 하소연했더니 자기가 일하는 공사 현장에 잔심부름꾼으로 일주일 정도 써주겠다고 했다. 녀석이 체구도 좋고 운동도 많이 해왔으며 스스로 몸 쓰는 걸 자신 있어 했으니 이번에는 기대했다. 공사 현장은 아침 7시까지 출근이었는데 내가 더 일찍 나가는 바람에 원이의 출근을 보지 못했다. 점심을 먹고 녀석에게 전화해 보니 죽을 맛이라는 둥 목에서 피 맛이 난다는 둥 엄살을 부렸다. 그날 퇴근 후에 원이에게 어떤 일을 했는지 물어보니 공사용 폐기물을 마대에 담아서 나르는 정도의 단순한 일이었다. 그조차도 지인이 내 조카인 점을 배려하여 빡빡하게 굴리진 않은 듯했다. 그럼에도 녀석이 죽는소리했던 이유는 전날 게임하느라 밤을 새우고 출근한 탓이었다. 결국 원이는 내가 알아봐 준 일을 하루 만에 그만뒀고, 녀석의 근무 태도와 일주일도 못 버티는 근성에 지인도 실망을 쏟아냈다.

시간이 없는 것도 일자리가 없는 것도 아닌데 녀석은 왜 일을 안 하는 걸까. 한번은 너무 궁금해서 왜 일을 구하지 않느냐고 진지하게 물어봤다. 그랬더니 매달 지원받는 기초생활수급비 55만 원은 소득이 잡히면 지원이 줄거나 아예 못 받을 수도 있다고 했다. 이게 녀석의 진심이었다. 일을 안 해야 55만 원이 온전히 통장에 꽂히니 굳이 일하고 싶은 마음이 없었던 거다. 지인을 통해 아르바이트를 알아봤던 이유도 소득 신고가 되지 않는 일을 소개받기 위함이었다.

곤란한 일이다.

기초생활수급자의 생계급여는 말 그대로 생계를 위해 지급되는 돈이고, 보육원에서 갓 퇴소한 아이들은 이런 사회적 지원이 꼭 필요하다. 그런데 이런 지원금을 온전히 받으려면 소득이 잡히지 않아야 하니, 이제 갓 스무 살이 된 청년의 노동 의욕을 상실시키는 것이었다. 아이들에게 직접 금전을 지원하는 것보다 차라리 일자리를 알선하고 그 수행 정도에 대하여 적절히 보상하는 등의 방법을 강구하는 게 필요해 보인다. 일할 기회를 주고 자신의 노력이 결실을 얻었을 때 보상하는 방식 등으로 자립 의지를 키워주지 않는다면, 상당수의 보호종료아동

들은 신체만 건강하고 정신은 무기력한 채로 기초생활수급자
로서의 삶에 머무르지 않을까 걱정스럽다.

나는 아는데 너는 모르는 이유

퇴근하고 돌아오면 집이 너무 따뜻한 것 같아 가스계량기 수
치를 확인한 후, 원이에게 지난달 가스 점검 수치를 물었다. 혼
내려고 물어본 게 아닌데 녀석이 뜨끔 했는지 얼마 안 틀었다
며, 지난여름에도 에어컨 얼마 안 틀었는데 전기세가 많이 나
왔다고 뜬금없는 소리를 했다. 그러면서 이번에도 전기세가 많
이 나오는 거냐고 물었다. 그래서 집마다 차이는 있지만 대개
보일러나 온수는 가스비고 전기세와는 다르다고 설명했다. 녀
석은 가스계량기 사진을 보며 어디가 전기고 어디가 가스 수
치인지 물었다. 어이가 없었다. 가스계량기를 보면서 빨간색은

가스 검침표, 검은색은 전기 검침표로 생각한 것이다. 스물한 살의 청년 김진원, 가스비와 전기요금을 구분하지 못한다. 두 계량기가 다르다는 것도 모른다. 그래서 계량기를 구분해서 보여주고 가정용 가스도 LPG와 LNG가 있다고 설명했다. 나중에 집을 계약할 때 보증금이나 월세가 시세보다 터무니없이 저렴하다면 땡잡았다고 좋아하지 말고 이런 부분을 꼼꼼히 살펴보라고 했다. 옛날에 지은 건물 또는 허허벌판에 멋지게 지어 놓은 전원주택 중엔 LPG 가스나 심지어 기름보일러를 쓰는 곳도 있어서 월세 몇만 원 아끼려다 더 큰 돈을 쓰게 될지도 모른다고 말해줬다.

보육원 퇴소를 앞두고 원이는 캠프에서 만난 친구와 원룸을 얻어서 살 거라고 했다. 그때 나는 보증금은 누가 낼지, 월세와 공과금은 어떻게 할지 물어봤었다. 녀석은 정착 지원금으로 보증금을 해결할 거라고 했는데 월세와 공과금은 딱히 어떻게 하겠다는 계획이 없어 보였다. 좀 더 정확히는 생활비처럼 안 쓰고 안 먹으면 줄일 수 있는 돈이라고 생각하는 눈치였다. 나는 녀석에게 보증금과 월세의 개념을 설명해 줬다. 네가 월세를 얻어놓고 피시방에 처박혀 게임하느라 일주일이든 보름이든 집엘 안 들어가도 무조건 내야 하는 돈이 월세와 공과금이라고 했다. 지구가 도는 한, 네가 월세살이에서 탈출하지 않는 한 꼬

박꼬박 공중분해(?) 되는 돈이라고 했다. 그걸 안 내면 보증금
에서 차감돼 계약 종료 때 빈털터리로 쫓겨날 수 있다고 알려
줬다. 그랬더니 녀석이 삼촌은 월세를 얼마씩 내느냐고 물어봤
다. 이건 내 집이어서 월세는 안 낸다고 했더니 그럼 자기도 집
을 사거나 전세를 얻으면 되지 않겠느냐고 했다. 기가 막혔다.
무슨 돈으로 집을 살 거냐고 물었더니 얼마가 있어야 하냐며,
어디서 들은 건 있어서 은행 대출을 입에 올렸다. 큰일 낼 녀석
이다. 황당하기도 하고 순진무구(?)한 모습이 귀엽기도, 오싹
하기도 했다. 이런 녀석이 보이스피싱 전화를 받는다면 낚이는
건 시간문제구나 싶었다.

　나는 원이에게 우리가 지금 살고 있는 집을 전세로 얻으려면
최소 1억 8천만 원은 있어야 하는데 1억 8천만 원을 모으려면
매달 50만 원씩 30년 동안 저축해야 한다고 말해줬다. 이렇게
큰돈을 너한테 빌려줄 곳도 없겠지만 운이 좋아 빌린다 해도
한 달에 100만 원씩 20년 동안 갚아야 한다고 했다. 그마저도
3퍼센트라는 낮은 이자율로 계산했을 때 말이다. 그런데 백수
나 다름없는 학생인 네게 1억 8천만 원이나 빌려줄 곳은 없으
며, 만약 빌려주겠다는 사람이 나타나면 그건 사기꾼이니 경찰
에 신고나 하라고 했다. 시중 은행에서 대출받으려면 네가 대
학을 졸업하고 취업한 뒤 4대 보험에 가입되고 상당한 연봉을

받는다고 해도 담보가 없는 이상 1억 8천만 원을 대출받기는 힘들다고 했다. 묵묵히 내 말을 듣던 녀석은 고개를 끄덕이더니 진지하게 말했다.

"삼촌은 아는 게 참 많은 것 같아요."

몇십 분 동안 입에서 단내나게 설명해 줬더니 고작 한다는 말이 삼촌은 아는 게 많은 것 같단다. 거참 심플한 녀석이다.

원이와 대화하다 보면 꽤 자주 느끼는 게 있다. 녀석은 화장실을 사용한 뒤에 전등을 꺼야 한다는 사소한 것부터, 살아가는 데 필요한 중차대한 상식까지 아는 게 없었다. 나도 스무 살 무렵에는 어설픈 인간이었지만 이 정도까지는 아니었다. 자라온 세대 차이일까, 개인의 학습능력 차이일까. 굳이 이유를 찾으려다가 문득 깨달은 게 있다.

어린 시절, 매달 어머니가 꼼꼼하게 살펴보던 공과금 지로용지. 숫자가 늘어난 달엔 전등 꺼라, 이 닦을 때 물 잠가라, 휴지 아껴 써라, 밥 남기지 마라, 가스 밸브 잠가라, 늘어나던 어머니 잔소리. 이른 새벽에 일어나 상을 펴 놓고 신문을 읽던 아버지의 습관. 아버지 눈길이 머물던 헤드라인. 사상 초유의 가계부채, 전세대란, 대출금리, 물가 인상, 코스피가 어쩌고 코스닥이 어쩌고. 듣기 싫은 잔소리로 여겼던 어머니 말씀과 코스피가 뭔지 코스닥이 뭔지 한 번도 설명해 주지 않았지만, 아버지의 행동 자체가 살아있는 교보재였고 부모님 곁에 머문 시간이 모여 나를 사회 구성원으로 성장시켰다는 걸 원이를 보며 깨달았다.

나는 가끔 원이를 통해 부모님이 나를 보며 겪었을 걱정과 두려움을 어렴풋이 느낀다. 보람과 기쁨 또한 녀석을 보며 얻는다. 원이를 통해 현 제도와 금전적 지원 내지 봉사활동만으로 아이들의 사회정착이 성공적으로 이루어질 수 있는지, 보육원에 있는 아이들에게 진정 필요한 것이 무엇인지도 고민하게 된다. 그리고 내가 부모님께 어떤 자식이었을지도 녀석을 통해 알아간다.

고쳐지지 않는 습관들

　회사 내부에 역대급 횡령 사건이 터졌다. 횡령범은 내 전임자
였다. 뭘 얼마나 해먹었는지 조사하느라 이틀 동안 세 시간밖에
못 잤다. 그러고도 한 달 반 동안 상황을 수습해야 했다.

　횡령 사실을 처음 밝혀낸 사람은 나였다. 처음에는 횡령을
밝혀낸 것 자체만으로 대단하다는 사내 여론이 있었으나 조사
가 진행되면서 분위기가 반전됐다. 횡령범을 찾아낸 공은 사라
지고 전임자에 속아서 처리했던 일들만 부각되며 내가 횡령이
라도 한 죄인처럼 입장이 바뀌었다. 이 사건으로 극심한 스트
레스를 겪었다. 육체적 피로까지 더해져서 건강했던 심신이 단

두 달 만에 만신창이가 됐다. 살면서 상대가 먼저 선을 넘지 않는 한 누구에게도 화내지 않는 편이었는데 어느 날 정신을 차려보니 아무 잘못 없는 직장 동료에게 고함치는 나를 발견했다. 순간 내 상태가 정상이 아님을 인지하고 병원을 알아본 뒤 곧바로 예약을 잡았다. 그렇게 태어나서 처음으로 정신과라는 곳을 찾았다.

몇 시간 동안 상담을 받았고, 의사는 3개월 휴식하라는 진단서를 써주었다. 약이나 몇 알 처방받을 줄 알았는데 3개월씩이나 쉬라는 소리를 들으니 당황스러웠다. 그렇게 오랫동안 병가를 낼 수 있는 직장인이 어디 있겠는가. 3개월이나 쉴 수는 없어서 한해에 두 달까지 가능한 병가를 내고 내 상태를 점검해보기로 했다. 마침 코로나 시국이었으므로 집에 얌전히 들어앉아 요양에 집중했다. 집에만 있으니 그동안 예측만 했던 원이의 평소 생활이 정확히 눈에 들어왔다.

3월에 동거를 시작한 이후, 녀석은 코로나 때문에 대학교 출석을 못 했고 아르바이트도 안 해서 9개월 동안 집에만 있었다. 녀석은 오전 10시에서 오후 1시 사이에 불규칙하게 일어났다. 일어나서는 곧바로 컴퓨터를 켜고 드라마를 봤다. 밤엔 친구랑 롤을 하다가 새벽에 잤다. 공부나 다른 생산적인 일을 하지 않았고 집 청소나 방 정리 역시 안 했다. 녀석은 낮잠까지 포함해 하루 12시간에서 14시간을 잤는데 그러고도 피곤하다는 말을 했다. 며칠을 지켜보다가 욕창이 뭔지 아냐고 물어봤더니 녀석이 모른다고 했다. 몸을 가누지 못하는 환자들이 한 방향으로만 누워있으면 혈액순환이 안돼서 몸에 구멍 같은 게 생기는데 그게 욕창이라고 설명해 줬다. 그러자 녀석이 큰 걸 깨달은 표정으로 앞으로는 자주 뒤척여야겠다고 말했다.

제정신으로 살지 않으니 뭐 하나 제대로 하는 게 없었다. 화장실을 사용하고 불조차도 제대로 끄지 않았다. 화장실 전등 끄는 걸 6개월이나 지적했는데도 고치지 못한다는 건 충격이었다. 녀석과 동거를 시작한 후 나는 원이를 제대로 혼낸 적이 없었다. 혹여나 내 말에 상처받고 서러워할까 봐 야단치는 대신 농담을 섞어 주의를 주거나 타이르는 방법을 선택했었다. 화장실 불 끄는 문제도 그렇다. 이처럼 사소한 문제를 일일이 지적하고 혼내면 녀석이 자존심 상해할까 봐 네 번 발견하면 한 번 정도만 언급했다. 한 번씩 지적할 때마다 여러 번 발견했지만 네가 부끄러워할까 봐 아무 말 하지 않았다는 사실도 설명했다. 그런데도 전혀 고쳐지지 않았다. 오히려 "제가 잘못하는 게 있으면 언제든 그때그때 지적해 주세요."라고 했다.

언제든지 잘못을 지적하면 적극적으로 수용하겠다는 태도라니. 정말 멋지지 않은가? 그런데 녀석의 말에 오히려 화가 났다.

"화장실 불 끄라는 소리를 6개월이나 했다. 근데 넌 매번 지적당하면서도 안 고쳤어. 이쯤 되면 고칠 생각이 없다는 뜻 아니냐? 그러면서 잘못을 그때그때 지적해달라고 말하는 건 또 무슨 궤변이냐. 너는 떠들어라, 나는 귓등으로 듣겠다는 선전포고냐. 아니면 내가 화장실 앞을 매번 지키고 있다가 불 끄기를 지적할 때만 보여주기식으로 불을 끄겠다는 소리냐."

이렇게 말하고 나니 원이의 습관 하나가 겨우 고쳐졌다. 화장실 불 끄기. 6개월 걸렸다.

녀석은 자고 일어나서 '여전히' 침대 정리를 하지 않았고 이불이나 옷이 바닥에 뒹구는 경우가 많았다. 음식물 쓰레기를 분리하기는커녕 싱크대에 그대로 방치해 벌레가 꼬이게 만들거나 물건의 포장을 뜯고 쓰레기를 그 자리에 두는 것도 '여전히' 고쳐지지 않았다. 게다가 꾀만 늘어서 나 몰래 온갖 쓰레기를 종량제봉투에 담아 버리려다가 들킨 적도 있었다. 내가 문제점을 지적할 때만 잘 치우겠다, 죄송하다고 말하고는 다음 날이면 제자리로 돌아갔다. 내가 녀석에서 잔소리하는 이유를 한 번쯤은 진지하게 설명해 줘야 할 것 같았다.

"삼촌이 너한테 스트레스 풀려고 잔소리하는 게 아니야. 집에서 새는 바가지 밖에서도 샌다는 말 들어본 적 있어? 네가 지금은 학생이지만 언젠가는 사회인이 돼. 너 회사 가서도 남의 책상에 쓰레기 올려두고 바닥에 처박아 둔 냄새 나는 옷 입고 출근하고 회사에서도 분리수거 안 하고 그러고 살 거야? 삼촌이 이것저것 시키는 이유는 여기 있는 동안 기본적인 건 몸에 익혀서 습관으로 만들라는 거야. 사람들은 네 말투나 사소한 행동을 보고 너를 판단하고 평가할 거야. 삼촌은 네가 어디 가서 미움받는 사람이 되는 걸 원하지 않아."

　녀석은 죄송하다고 했다. 그리고 다음 날부터 변하는 모습을 보여주는가 싶더니 얼마 못 가 원점으로 돌아왔다. 솔직히 화가 났다. 성인에게 이런 잔소리를 하는 것도 웃긴데 사소한 것조차 이행하지 못하는 녀석을 보면 환멸감마저 들었다. 그렇다고 윽박지르며 혼낼 수도 없는 노릇. 우리가 서로를 가족이라고 생각하는 건 좋은 일이 있을 때 한정이었다. 녀석에게 싫은 소리를 해야 할 땐 나도 심리적으로 부담을 느꼈고 설명할 수 없는 한계가 느껴져 좌절감이 들기도 했다. 내가 원이를 혼낼 때 녀석이 또박또박 말대꾸라도 했더라면 좀 나았을까? 녀석은 단 한 번도 대든 적이 없는데 그 이유가 또 버림받을지도 모른다는 두려움으로 반항하지 못하는 게 아닐까 하는 망상에 가까운 생각도 들었다.

생활 습관뿐만 아니라 미래를 준비하지 않는 것도 문제였다. 녀석은 자기에게 불리한 모든 상황을 변명과 자기합리화로 일관했다. 고등학교에 다닐 때는 전산회계 자격증 취득을 두고 3년 내내 나와 신경전을 벌였다. 내가 잔소리할 기미가 보이면 녀석은 전산회계 자격증 공부하느라 바쁘다는 둥 스트레스가 심하다는 둥 핑계를 늘어놓으며 내 입을 막았다. 그러기를 3년, 한번은 너무 답답해서 전산회계 자격증이 실체가 있긴 한 거냐고, 네 상상 속에만 존재하는 유니콘 같은 거냐고 물었더니 녀석이 한다는 말이 "필기 땄어요."였다. 나는 "실기까지 합격해야 자격증이 나오잖아. 근데 실기는 떨어졌잖아. 그럼 필기만 합격한 거고 자격증은 못 딴 거지."라며 쓴소리를 했다.

성인이 되면 좀 나아지려나 싶었는데 나아지기는커녕 더 나태해졌으며 변명과 자기합리화는 더 치밀해졌다. 이번엔 운전면허였다. 녀석은 운전면허 필기시험도 만만하게 생각했는지, 시험 전날 친구까지 데려와 새벽까지 놀았다. 그러고는 필기시험에서 떨어졌다. 내 표정을 보고 위기를 직감했는지 녀석은 내 눈을 피하며 자기합리화를 시전했다.

"2종 기준으로는 합격이었어요."

"1종 시험 쳐놓고 무슨 말 같지도 않은 소리냐. 삼촌이 7급 공무원 시험 봐서 떨어져 놓고 9급 기준으론 합격이었다고 변명하면 사람들이 비웃지 않겠냐? 시험은 패스와 노 패스만 있는 거다. 제발 어디 가서 그런 이상한 얘기 하고 다니지 마라. 사람들이 무시한다."

전산회계나 운전면허 같은 비교적 간단한 시험 준비도 게을리하는 모습을 보니 녀석의 앞날이 진심으로 걱정됐다. 원이에게 졸업 후 취업이 안되면 어떻게 할 계획이냐고 물으니 친한 형과 공무원 시험을 보기로 했다며, 의외로 구체적인 대답을 했다. 왜 하필 공무원인지 물었더니 취업에는 일정 조건의 스펙이 필요하지만 공무원 시험은 자격기준이나 제한이 없어서란다. 어이가 없었다. 나는 녀석을 앉혀놓고 설명했다.

"초·중·고등학교 12년의 학습 과정을 무난히 따라온 사람들이 대학교 4년 과정을 무난히 마치고, 그 사람 중 하루 12시간 이상 1년 정도 공부한 사람들이 50대 1에서 100대 1 정도의 경쟁률을 뚫고 합격하는 게 공무원 시험이야. 일정 스펙을 갖춰서 사회복지시설에 취업하는 것과, 누구나 응시할 수 있는 공무원 시험에 합격하는 것 중 뭐가 더 어려울까? 취업하기 힘드니까 공무원 시험이나 보겠다는 건 평생 공부를 제대로 해본 적 없는 네가 삼촌과 공부로 붙어보겠다는 말과 똑같아. 하루 16시간 이상씩 몇 년 동안 이를 갈며 공부해 보겠다는 투지라면 모를까, 이 길이 더 쉬울 것 같아서라면 착각이야. 네 계획은 조기축구 동호회에서 뛰던 사람이 실업축구단 입단 테스트에서 탈락했는데, 오히려 프로 리그에 도전하겠다는 말과 같아. 그리고 어떤 계획을 세울 땐 내 능력치를 현실적으로 파악해서 이룰 수 있는 방향으로 짜야 돼. 목표를 높게 설정하려면 그 목표에 도달하기 위한 시간과 에너지까지 포함해야겠지."

　말하다 보니 그동안 녀석에게 내 모습이 어떻게 비쳤을지 돌아보게 됐다. 자식은 부모의 등을 보고 자란다는데, 통영에 있다는 핑계로 내가 소홀했구나 싶었다. 주말마다 부산에 오면 본가에도 들르고 친구와 맥주도 마시며 시간을 보냈는데 그런 모습이 나태하게 비친 건 아닌가 싶어 내 생활부터 정비하기로 했다.

　병가 기간은 두 달, 이 시간 동안 현실적으로 할 수 있는 일을 생각해 봤다. 심신이 지쳐있던 때여서 운동으로 체력을 키우고 글을 쓰며 마음의 안정을 찾는 게 좋을 것 같았다. 계획을 좀 더 구체화해 두 달 후에 보디 프로필을 찍고 브런치스토리 심사용 원고를 마무리하는 걸로 결정했다. 그다음 날부터 일어나자마자 하루 3시간 이상 운동을 했다. 점심 먹고는 계속 공부하고 글을 썼다. 새벽 4시 30분에 일어나고 밤 12시 전에 잤다. 그렇게 내 생활부터 바꿔 나갔다. 녀석에게 보여주기 위한 목적이

컸는데 효과는 없었다. 원이는 갑자기 부지런해진(?) 나를 보고도 느끼는 게 없는 것 같았다.

그래서 조금 더 적극적으로 개입하기로 했다. 녀석에게 일일 계획표를 짜 오라고 했더니 가로세로 7센티미터짜리 포스트잇에 성의 없이 뭐라 뭐라 쓴 걸 계획표랍시고 가져왔다. 쪽지에는 '아침 7시에 일어나겠다'도 아니고, 얼추 7시에서 9시 사이에 일어나서 씻고 밥 먹고 하루를 마감하는 것으로 돼 있었다. 첫날은 오전 7시 30분쯤 일어났지만 며칠 지나니 9시가 넘어도 일어나지 못했다.

원이는 운동을 좋아해서 평소에 집에서도 혼자 운동을 (한다고) 했다. 그런데 매일 늦게 일어나면서도 피곤함을 호소하는 걸 보면 운동을 제대로 하는 것 같지도 않았다. 그래서 대체 무슨 운동을 하는지 물었더니 대부분 '갑빠' 키우는 동작이었다. 유산소나 복근 등 체력 기르는 운동은 힘들다며 안 했다. 운동조차 겉멋만 든 편식이었다. 이쯤 되니 이 녀석은 운동을 왜 하는 걸까 궁금해져서 물어봤다.

"사람들은 왜 운동을 할까?"

"몸 만들려고 하는 거 아닌가요?"

"그럼 새벽에 강변 걷는 어르신들도 갑빠 만들려고 운동하는 걸까?"

"......"

"건강해지려고 운동하는 거 아니야? 건강해지려면 체력을 길러야 하고. 그런데 너는 체력 기르는 운동은 하나도 안 하니 매일 운동하고도 병든 닭처럼 골골거리는 거고."

"......"

건강한 몸에 건강한 정신이 깃든다고 생각한다. 내가 집에 있는 동안 녀석에게 운동하는 습관이라도 만들어주고 싶어서 90만 원을 들여 피티를 끊어줬다. 나를 담당했던 트레이너에게 원이의 사정을 대강 설명하고 '엄살이 심하고 변명도 많을 테니 절대 들어주지 말라고, 녀석 삶을 바꾸는 데 힘을 보태달라'고 특별히 부탁했다. 트레이너도 흔쾌히 응했고 매우 적극적이고 의욕적으로 원이를 굴렸다. 그렇게 녀석은 며칠 동안 열심히 생활하는 듯하다가 얼마 못 가 다시 느슨해졌다.

그 사이에 몸이 나아졌으면 조기 복귀해달라는 회사의 연락을 받았다. 예정보다 보름 빠른 복귀였다. 이대로 출근하면 다시 일상에 치여 원이를 챙길 수 없을지도 모른다는 생각이 들었다. 녀석의 고쳐지지 않는 습관들을 어떻게든 바꾸고 출근길에 올라야 했다. 사람 구실 못 하던 이십 대 초반의 나, 그때 내 아버지는 어찌하셨던가? 중요한 결심이 필요했다.

주사위는 던져졌다

　나의 아버지는 자식들에게 아낌없는 독설을 퍼붓는 분이었다. 나와 누나들의 자존감을 뭉개려는 의도가 아니라, 본인 삶에 비추어봤을 때 자식들이 나태해 보이거나 세상에 나갈 준비를 게을리하면 날카로운 말을 쏟아내셨다. 내가 공시생일 때는 "너같이 공부해서 시험 합격하면 내 손에 장을 지진다."고 호언장담하셨다. 막상 합격하니 진짜로 장을 지지지는 않으셨지만, 결과적으로 아버지의 독설이 자극제가 된 건 사실이다. 그 말을 듣고 자존심 상해서 보란 듯이 합격하겠다는 의지를 불태웠으니까.

반면 어머니는 독설로 상처를 주지는 않았지만, 온화한 표정으로 자식들을 벼랑 끝으로 내모는 분이셨다. 대학교 1학년 때 패스트푸드점 알바를 구하고 어머니께 말씀드렸더니 당장 그날부터 용돈을 끊어버렸다. 아르바이트는 시작도 안 했는데 용돈을 끊으면 밥은 어떻게 먹고, 버스는 어떻게 타고 다니느냐고 물었더니 5만 원을 '꿔 주는' 자비를 베푸셨다. 아르바이트 구한 걸 괜히 말했나 싶었지만 이미 엎질러진 물. 어머니께 꾼 돈 5만 원과 비상금을 털어서 집과 학교만 겨우 오가며 생활했던 적이 있었다. 아들이어서 또는 막내여서 봐주는 법은 없었다. 부모님의 대쪽 같은 교육방침 덕에 나와 누나들은 대학생 때부터 아르바이트를 일고여덟 가지씩 경험했고, 대학교 졸업과 동시에 학원비 등 모든 지원을 끊겠다는 엄포에 다들 졸업 전에 취업(해야만)했다.

　　원이를 보고 있으면 '우리 부모님도 이런 심정이었을까?' 생각하게 된다. 녀석의 생활 습관을 고쳐보겠다고 피티까지 끊어서 운동을 시켰으나 운동만으로 해결될 일이 아닌 듯했다. 또한 원이는 자기가 지금 얼마나 치열하게 살아야 하는 상황인지, 나와 사는 게 본인에게 얼마나 득이 되는지 전혀 모르는 것 같았다. 지금처럼 살다가 사회에 나간다면 직장에서 금방 해고

되는 문제가 아니라 아예 직장을 구할 수나 있을지 의문이었다. 더는 녀석을 두고 보지 않기로 했다. 그동안엔 녀석이 상처받을까 봐 꾹꾹 눌러놨던 독설과 벼랑 끝 전술을 시전해 보기로 했다. 부모님이 우리 남매에게 했듯이.

원이를 불러 앉혀놓고 말했다.

"삼촌은 너보다 나은 환경에서 살았지만 대학 다니는 내내 아르바이트하면서 돈 벌었어. 스물한 살 때 청약 통장 만들고 펀드 투자도 했다. 월급이 너무 적어서 주말엔 아르바이트도 했었고. 그렇게 아등바등 살아도 잘 될까 말까인데 너는 지금 뭘 믿고 그렇게 사냐? 내가 너만큼 게으른 사람을 본 적이 없다. 건강한 노숙자가 될 셈이냐? 코로나 때문에 아르바이트할 곳이 없다고? 핑계 대지 마라. 삼촌이 알아보니 일자리 많더라. 경험이 없어서 안 뽑아준다고? 네가 편한 일만 찾는 건 아니고? 안 뽑아준다는 핑계로 너 지금 1년 동안 놀고 있는 건 아냐? 태어나서 지금까지 하고 싶은 게 아무것도 없었다고? 당연하지. 조금만 어렵고 힘들어 보여도 피할 궁리부터 하니까. 할 줄 아는 게 있어야 하고 싶은 것도 생기는 거다. 그리고 세상에 자기가 하고 싶은 것만 하면서 사는 사람이 어딨냐. 삼촌은 직장이 신나서 다니는 줄 아냐? 살다 보면 하기 싫어도 해야 하는 일이 훨씬 많아. 불편한 것도 부딪혀 봐야 경험이 쌓이는 거다.

넌 하고 싶은 게 없었던 게 아니라 아무것도 안 하려고 한 거야. 이대로 살면 사람들이 널 어떻게 볼까? 나는 고아 거둬서 산다고 칭찬 듣겠지. 하지만 너는 비난받을 거야. 기껏 거둬준 사람 벗겨 먹으며 빈둥빈둥 놀기만 하는 배은망덕한 놈이라고. 그거 아냐? 너는 남들만큼 노력해서는 칭찬 못 들어. 오히려 욕먹어. 상황 파악, 주제 파악 못 한다고. 고아인데 뭘 믿고 저렇게 막 사느냐고. 근데 남들보다 두 배로 노력하면 네 배로 칭찬받아. 고아인데도 환경에 굴하지 않고 열심히 산다고. 그러면 사람들이 다 너를 예뻐하고 도와주려 할 거야. 그런 삶을 살아."

내 경제 상황도 솔직하게 털어놨다. 나는 네가 생각하는 것만큼 부유하지 않다고. 내게 얼마의 빚이 있고 이 돈을 네가 모으려면 매달 얼마씩 얼마나 오랫동안 저축해야 하는지, 그럼에도 네가 성실히 살면 독립할 때 빚을 더 내서라도 보증금을 지원해 줄 것이라고 했다. 너의 디딤씨앗통장만큼은 깨지 않게 만들어주겠다고 했다. 이토록 감동적인(?) 이야기를 하는데도 녀석은 시큰둥했다. 예상했던 대로 원이는 나와 살면서 얻는 경제적 이득을 전혀 모르고 있었다. 내가 너를 왜 데리고 사는지 아느냐는 질문에는 "경제적으로 도움은 안 되는 것 같고. 저 망나니처럼 살까 봐 옆에서 지켜봐 주시는 거 아니에요?"라고 답했다가 내 표정이 굳는 걸 보고는 당황해서 경제적으로 도움이 안 된다는 말을 정정했다. 녀석 입장에서는 내게 용돈을 받는 게 아니니 경제적 이득이 없다고 생각하는 것 같았다. 그래서 월세, 관리비, 생활비, 식비를 일일이 나열하며 나와 함께 살면서 한 달에 최소 70~80만 원의 경제적 이득을 얻고 있다는 점을 설명했다.

생활 습관도 간섭하기로 했다. 며칠 전 포스트잇에 적어 온 엉성한 계획표로는 안 될 것 같아서 내가 직접 생활 규칙을 만들어 줬다.

1. 밤 12시 전에 자고, 오전 7시 30분 전에 일어나라.
2. 일어난 직후에 게임 하거나 드라마 보지 마라. 뉴스를 보든지 운동해라.
3. 낮에 수업 듣고 과제하고 아르바이트해라. 해 떠 있는 시간엔 생산적인 일을 하라는 의미다.
4. 일과를 모두 끝내고 저녁에 놀아라.
5. 집밥 먹어라. 정 사먹고 싶으면 배달시키지 말고 직접 가서 포장해 와라. 운동도 되고 비용도 아낄 수 있다.
6. 반찬 골고루 먹고 음식 버리지 마라.

그리고, 내년 3월 개강 전에 독립하라고 했다. 네가 나를 의지하는 건 좋으나 그걸 믿고 망나니처럼 사는 것 같아 오히려 독이 되는 건 아닌지 걱정이라고 했다. 내가 아버지 독설에 어떤 영향을 받았고 어머니의 벼랑 끝 전술에 어떻게 대처했는지 설명하며 너도 스스로 살아남을 방법을 찾아보라고 했다. 녀석이 내게 배신감을 느끼거나 서러워할까 봐 걱정됐지만 나 때문에 원이가 독립심을 잃어선 안 됐다. 원이에게 나는 '첫 단추'나 다름없었다. 나 역시 녀석과의 관계에 균열이 생기면 어쩌나 불안해하면서도 벼랑 끝 전술을 쓸 수밖에 없었다.

그렇게 주사위는 던져졌다.

우리 아이가 달라졌어요

　원이에게 모진 말을 쏟아낸 다음 날 회사에 복귀했다. 새벽에 출근해서 밤에 퇴근했으므로 원이의 일상을 알 길이 없어 트레이너를 통해 간간이 녀석 소식을 들었고, 집에 오면 냉장고와 음식물 쓰레기통을 열어보며 녀석이 밥은 잘 챙겨 먹는지 뭘 먹고 지내는지 확인했다. 내가 새벽 4시 30분에 일어나서 출근 준비를 하고 있으면 녀석도 7시 30분에는 일어났다. 아침 일찍 원이의 방에서 뉴스 소리가 들렸다.

　첫날엔 뉴스 내용을 물었더니 10분 보다가 졸았다고 허허거렸다. 그래서 하는 척만 하지 말고 제대로 하라고 혼냈다. 다음 날은 졸지 않고 끝까지 봤다고 했다. 그런데 뉴스 내용을 묻자 제대로 답하지 못했다. 나는 책을 한 권 가져와서 처음부터 끝까지 펼쳐 넘겼다. 책은 '촤라락' 소리를 내며 순식간에 넘어갔다. 2초도 채 걸리지 않았다.

"자, 방금 삼촌이 책 한 권을 다 읽었어. 내용을 알까? 당연히 모르겠지. 내용을 모르면 한 게 아니야. 하는 척만 한 거지. 삼촌이 뉴스를 보라고 한 건 세상이 어떻게 돌아가는지 알아야 하기 때문이야. 얼마 전에 수능 응시생 숫자와 출생아 감소에 대한 뉴스가 있었어. 삼촌 세대에 수능 응시생은 80만 명이었어. 그런데 20년이 지난 지금은 40만 명이네. 그리고 지금 연출생아 수는 20만 명대야. 20년마다 절반씩 줄어들고 있지. 이게 왜 중요할까? 네 꿈은 사회복지사잖아. 보육원 아이들 보살피고 싶다며. 그런데 미래에는 노인은 많고 애들은 적어. 사회복지사가 취업할 곳은 노인요양시설도 있고 장애인시설도 있고 보육원도 있어. 아이들 수는 줄고 노인들이 많아진다면 너는 보육원에 취업하기 힘들 거야. 보육원은 경쟁이 치열할 테니까. 그럼 두 가지 중 하나를 선택해야 해. 보육원에서 너를 채용해야만 하는 경쟁력을 기르거나, 진로를 바꿔서 보육교사나 유치원 선생님 같은 걸 노리거나. 삼촌이 뉴스를 보라고 하는 건 우리가 앞날을 설정하고 살아가는데 이런 정보가 도움이 되기 때문이야. 그러니 보는 척만 하지 말고 제대로 된 내용을 알아야 해."

그다음 날 녀석은 뉴스 내용을 꽤 기억해 냈다. 그리고 내가 퇴근해서 집에 오면 시사적인 것을 묻기도 했다. 놀라운 변화였다. 나도 녀석의 질문에 답해줘야 하니 매일 새벽 6시에 러닝머신에 올라, 한 시간씩 뉴스를 봐야 했다.

원이는 내가 시킨 대로 아침에 일어나자마자 뉴스를 보고 운동을 했다. 이제 다른 것도 시켜보고 싶어서 책을 한 권 주며 읽어보라고 했다. 《은하영웅전설》이라는 SF 판타지 소설이었는데, 유치한 제목과 달리 사회·정치체제·종교에 관한 설명이나 인간 심리에 대한 묘사가 잘 되어 있었다. 만약 시황제가 다시 탄생해 분서갱유가 일어나고 모든 책을 불태울 상황이 발생한다면, 이 책을 숨겨서 후세에 물려주고 싶다고 평가할 정도로 내가 애장하는 작품이었다. 책을 읽으라고 시킨 뒤 며칠 후에 원이가 내게 물었다.

"삼촌, 왜 황제가 공화주의자들을 공격해요? 공화주의랑 공산주의랑 같은 거 아니에요? 황제랑 공산주의자들은 같은 편 아니에요?"

원이는 북한을 통해 본 공산주의 독재 이미지와 황제의 전

제정치를 같은 것으로 생각하는 듯했다. 나는 황제로 상징되는 전제주의와 공화주의를 비교 설명했다. 공산주의는 경제적인 개념이며 그 반대말은 민주주의가 아닌데 우리나라 사람들은 북한이라는 존재의 특수성 때문에 많이 혼동한다는 점까지 설명했다. 원이가 책과 뉴스를 보게 되면서 우리의 대화 내용이 확연히 달라졌다.

그리고 원이는 내 독설을 들은 다음 날 아르바이트까지 구해왔다. 하나는 친구에게 소개받은 뷔페 주말 아르바이트였고, 다른 하나는 평일 저녁에 하는 시내 술집 서빙이었다. 일자리가 있는데 기초생활수급자의 안락함에 젖어 게으름피우는 거라는 내 예상이 맞았다. 집에서 놀아도 매달 85만 원이 생기니 일하기 싫었겠지. 하지만 지금이라도 정신을 차렸으니 다행이라고 생각했다.

뉴스 시청과 운동, 독서, 규칙적인 생활을 하니 일상에서도 변화가 나타났다. 예전에는 재활용 쓰레기 배출이나 빨래 등을 내가 시켜야 겨우 했는데, 이제는 내가 퇴근해서 처리하려고 하면 이미 정리되어 있었다. 음식물도 전보다 덜 버리고 배달 음식도 잘 먹지 않았다.

저녁에는 자유시간을 줬기에 내가 퇴근하고 오면 녀석은 방에서 드라마를 보거나 게임을 하고 있었다. 그럼 내가 노크 후에 문을 열고 안부를 물었다. 특별히 할 말도 없으면서 내가 매일 퇴근 후에 자기 방을 찾는 걸 이상하게 생각했는지, 언젠가는 "삼촌, 하실 말씀 있으세요?"라고 물었다. 그래서 대답했다.

"가족이 할 말 있어야 문 열고 인사하는 사이냐? 집에 어른이 들어오면 자식이 나와서 다녀오셨냐고 인사하는 게 정상이다. 내가 퇴근해도 네가 방에서 안 나오니까 너 얼굴 보러 들어오는 거다. 이 배은망덕한 놈아."

그날 이후 원이는 게임을 하다가도 문소리가 나면 후다닥 나와 "삼촌 이 판만 끝내고 다시 나올게요." 말하고는 다시 방으로 들어갔다. 그러곤 게임이 끝나면 거실로 나와 그날의 이슈나 보육원의 현재 상황, 다른 아이들 근황, 자신의 일과와 앞으로의 계획 등을 30여 분간 얘기했다. 그리고 밤 10시가 되면 자야겠다며 인사를 하고 방에 들어갔다.

또 얼마 후엔 잔뜩 들뜬 녀석이 내 눈앞에 노트북을 불쑥 들이밀었다. 녀석은 4점대 학점을 받아서 신나 있었다. 학점이 이렇게 잘 나올지 몰랐다며 만약 취업이 잘 안된다면, 플랜 B로 4년제 대학교로 편입해서 공부를 더 해보고 싶다고 했다. 나는 이런 작은 성취가 중요하다고, 다음 학기엔 성적을 좀 더 올려보라고 했다. 편입도 좋은 방법이라고 덧붙였다. 코로나로 인해 대학 생활을 제대로 경험하지 못한 것도 아쉽고, 취업 후엔 개인 활동을 할 시간이 부족하니 2년 더 공부하면서 시야를 넓히는 것에 찬성한다고 했다. 대학에 다니며 새로운 아르바이트나 국제 페스티벌 같은 행사의 자원활동도 경험하고 여행도 다니는 게 너의 삶을 더 풍성하게 해 줄 거라고 했다.

어느 날엔 녀석이 사회복지협회에서 일해보고 싶다고 했다. 그전까지는 아이들을 좋아해서 보육원에서 일하고 싶어 했던 터라 왜 마음이 바뀌었는지 궁금했다. 현실적으로 협회가 보수 등 조건이 더 좋은 것도 있지만, 보육원을 지원하는 각종 사업을 집행할 수 있는 점이 끌린다고 했다. 단지 생존을 위해 취업을 목표로 하던 녀석이 자신의 역할과 쓸모를 고민하기 시작했다는 것이 발전적이었다. 나는 녀석에게 그렇게 일하며 경험을 쌓다가 뜻이 생기면 국제구호단체에 취업할 수도 있지 않겠냐고 했다. 세계를 돌아다니다가 저개발국에 학교를 세우거나 우물 파는 모습을 상상하며 녀석과 웃었다.

또 LH에서 지원하는 '보호종료아동 전세임대주택' 공고를 보여주기도 했다. 조건이 된다면 삼촌에게 보증금 부담을 안 주고 자신도 월세 부담이 없을 것 같은데, 본인이 제대로 이해한 건지 확인해 달라고 했다. 원이의 말대로였다. 광역시 기준으로 9,500만 원 한도에서 전세자금이 지원되는데 연이자가 1~2퍼센트에 불과했다. 게다가 보호종료 후 5년까지 이자

도 50퍼센트 감면이라 전세자금 9,400만 원을 지원받을 경우
(임대료 100만 원은 본인 부담) 앞으로 4년간 전세보증금의 연
1퍼센트인 8만 원 정도만 매월 이자로 부담하면 됐다.

어떻게 이런 걸 알았는지 물었더니 인터넷에서 열심히 찾았
다고 했다. 보육원 선생님들도 알고 있는 내용이냐고 물었더
니, 아는 사람도 있고 모르는 사람도 있다고 했다. 그래서 이런
좋은 정보는 잘 기억했다가 나중에 퇴소하는 동생들에게도 알
려주라고 했다.

그즈음 원이는 인터넷으로 이곳저곳 방을 알아보며 궁금한
걸 계속 물었다. 그러면 나는 교통의 이점, 내부 시설, 관리비
등을 따져가며 설명해 줬다. 예전의 '대충 김진원'은 사라진 지
오래였고, 자기에게 필요한 걸 스스로 찾아내서 준비하기 시
작했다. 그렇게 끈질기게 알아보다가 모르는 게 있으면 나에게
물어보고 상의하기도 했다. 현실성 있는 계획들이 세워지니 녀
석에게 미래에 대한 두려움보다 자립을 향한 설렘이 가득 차
보였다.

우리 아이가 이렇게나 달라졌다. 약 두 달 전, 원이에게 하루
계획표를 써오라고 했더니 '오전 7시에서 9시 사이에 일어나
씻은 후, 오전 중에 운동하고 점심 먹고 오후부터 드라마 보고
밤에 롤을 하다가 언제 잘지는 모르겠음'으로 해석될 만한 계

획표를 가져왔다. 그걸 고쳐놓겠다고 독설을 퍼부으며 '독립' 카드를 빼든 나는 며칠 동안 잠을 설쳤다. 그런데 단 몇 개월 만에 원이는 바른 생활 인간으로 거듭나는 반전을 일으켰다. (아직 내 성에 안 차는 부분도 많지만) 동정심을 유발하며 변명과 자기합리화로 현실을 회피했던 아이는 비로소 보호종료아동이란 딱지를 떼고 사회인으로 나아가려는 준비를 하고 있다.

리틀 포레스트

원이가 보육원에서 퇴소하고 나와 같이 살게 되었을 때, 녀석 입에서 처음으로 자기를 버린 사람들에 대한 얘기를 들었다. 보육원 선생님이 물어봤단다. 이제 성인이 됐으니 부모(나는 그들을 부모라고 부르지 않는다)를 찾아볼 생각이 있냐고. 물론 원이는 거부했다. 녀석의 마음속에는 자기를 버린 사람들에 대한 분노가 있었다.

그런데 어떤 날은 또 자기를 낳은 사람들이 누군지 궁금하다고 했다. 하루는 책상 위에서 1970년대에 유행했을 법한 이름이 잔뜩 적힌 메모를 발견했다. 원이가 친부모를 궁금해한 적도 있고 행선지를 모르는 외출이 잦았기에 나 몰래 그들을 찾고 있나? 추측했다. 나중에 메모 속 이름이 입학한 대학의 교수님인 걸 알게 됐지만 원이와의 대화를 통해서 녀석은 자신을 낳은 사람들에 대한 분노와 궁금증 사이에서 갈팡질팡하고 있음을 느낄 수 있었다.

그런 녀석에게 나는, 널 버린 사람들을 지금 찾지는 말라고 했다. 찾았는데 그들이 잘살고 있으면 화가 나고 못살고 있으면 괴로울 거라고, 또 네가 찾아갔을 때 그들이 미안해하고 반겨주면 다행이겠지만 오히려 네가 나타나는 걸 두려워할 수도 있다고, 너를 버리고 평화로운 삶을 얻었는데 네가 찾아가면 모든 게 깨졌다고 생각해 너를 적대시할 수도 있다고, 어느 경우든 너만 상처 입을 테니 지금은 찾지 말라고 했다. 정 찾고 싶다면 네가 사회인으로 온전히 자리 잡았을 때, 마음에 단단한 뿌리가 내려졌을 때 찾으라고 했다. 그 정도가 돼야 그 사람들이 잘살고 있다면 안도할 수 있고, 힘들게 산다면 도울 수도 있을 거라고. 아무것도 준비 안 된 상태에서 그들을 찾아봤자 절망감 외엔 얻는 것도, 할 수 있는 것도 없을 거라고 했다.

나는 원이와 살면서 겪는 어려움과 고민을 종종 어머니께 토로했다. 그랬더니 한번은 어머니가 녀석의 부모를 찾아 주자고 하셨다. 어머니가 이런 말씀을 하신 이유는 나에 대한 걱정 때문이었다. 원이는 내겐 조카지만 어머니에게 손자는 아니었다. 어머니 입장에서는 내 자식이 남의 자식 때문에 괴로워하는 게 싫었을 것이다. 그래서 자기 자식의 고민을 원래 고민의 주인(이라고 하기에는 너무 무책임했던 그들)에게 넘겨주고 싶었으리라.

나는 그건 원이가 선택할 영역이고 우리가 먼저 나서서는 안 된다고 말씀드렸다. 녀석이 원치 않는데 우리 마음대로 그들을 찾는다면 아이의 삶을 망가뜨릴 수 있다고, 원망을 들을 수도 있다고 했다. 원이와 관련한 일이라면 하나부터 열까지 참견하는 나였지만 낳아준 이들을 찾는 일만큼은 온전히 녀석의 선택에 맡기고 싶었다. 나는 한 자리에 머물며 녀석이 힘들 때마다 돌아올 수 있는 회귀점 역할만 하면 된다.

녀석과 동거 후 첫 번째로 맞이한 명절은 나의 본가에서 함께 보냈다. 명절이 되면 보육원 출신 아이들은 더 외로워진다. 녀석들이 갈 곳이라고는 그렇게 탈출하고 싶었던 보육원밖에 없다. 원이는 보육원마저도 안 가려고 했기에 우리 집에 데려가 내 부모님을 소개하며 이제부터 할아버지, 할머니라 부르라고 시켰다. 삼촌이 없을 때도 종종 들러서 말동무도 해드리고 밥도 얻어먹고 내키면 청소도 좀 하라고 했다. 그날 녀석은 뻘

쭙하게 앉아서 떡국과 과일을 먹고 서둘러 돌아갔다. 다신 안 따라오겠구나 생각했는데 그다음 명절엔 녀석이 전병을 사 들고 왔다. 어머니가 뭘 이런 걸 사 왔냐고 나무랐더니 할머니한테 돈 쓰는 건 안 아깝단다. 정작 어머니와 나는 돈 모아야 하는 녀석이 돈을 썼다며 녀석의 지갑이 가벼워진 걸 걱정했다. 아버지는 기특하게 잘 컸다며 원이를 안아주셨다.

원이가 처음부터 순순히 나의 본가에 드나든 건 아니다. 후원을 시작하고 3년쯤 흘렀을 때, 명절에 특별한 일정이 없으면 삼촌 본가에 가서 전도 부치고 제사도 지내고 산소도 가보겠냐고 물었는데 단번에 싫다는 대답이 돌아왔다. 그런 경험을 해두면 사회에 나가서 도움이 될 거라고 했더니 보육원에서도 명절에 전을 부치고 제사를 지낸다고 했다. 녀석이 그렇게까지 정색하며 거절한 이유를 정확히 알 수는 없었지만 시간이 더 필요하겠거니 생각했다. 그 후 몇 번의 명절이 지나갔고 그때마다 나는 원이를 회유하고 설득하고 부탁하고 협박(?)해 봤지만 녀석은 요지부동이었다. 나의 본가를 발 들여서는 안 될 곳으로 생각하는 듯했다. 그랬던 녀석이 이제는 선물까지 사 들고 찾아오니 장족의 발전이다. 아직 어색해해서 잠시 들렀다가 돌아가긴 하지만 녀석이 살다가 길을 잃었을 때 돌아올 회귀점이 한 곳 더 늘었음에 만족한다.

너를 강하게 만들 무엇

　원이는 잘생겼다. 운동을 좋아하고 잘해서 몸도 건장하다. 피부가 특히 좋은데 뽀얗고 매끈한 피부는 지나고 보니 타고난 거였다. 녀석은 가끔 "삼촌 저는 피부가 참 좋은 것 같아요."라고 자랑했다. 자기가 괜찮은 피를 타고난 것 같다고도 했다. 그러면 나도 질세라 우리 집안이 원래 피부가 좋다고, 삼촌이 어릴 때 소개팅 나가면 여자들이 피부 좋다는 얘기를 항상 했다고 한술 더 뜬다. 물론 원이와 나는 피 한 방울 안 섞였지만 어쨌든 가족이니 유전(?)은 물려받은 셈이다.

　이렇다 보니 원이에게 호감 갖는 여자아이가 꽤 있는 듯했다. 고등학교에 입학하고부터는 밸런타인데이나 빼빼로데이 같은 기념일에 뭘 잔뜩 받아와서는 그걸 굳이 내게 연락까지 해서 자랑했다. 괜찮은 아이가 있으면 한번 만나보라고 했는데 녀석은 귀찮다며 관심 없는 척했다. 성인이 되고도 종종 연락을 주고받는 이성이 있는 듯했지만, 적당히 견제구만 던지다가 그치는 모양이었다. 그러면서 "저는 여자 친구를 못 사귈 것 같아요." "사랑 같은 건 평생 못 할 것 같아요." 같은 극단적이고도 부정적인 말을 했다. 사랑할 시간도 부족한 나이에 벌써 마음을 닫아버린 사람처럼 굴어서 안타까웠다. 나는 사랑이나 운명 같은 감정은 네 의지와 상관없이 찾아오는 거니 단정 짓지 말라고 했다. 괜찮은 아이가 있으면 한번 만나보는 것도 좋다고 했다. 연애도 때가 있는 거라고, 심플하게 만나고 헤어지는 것도 청춘의 특권이라고 했다.

원이는 여자아이들은 대하기가 어렵다며, 사귀면 책임져야 할 게 많고 자신이나 상대방이 상처 입을 것을 미리 걱정했다. 그런 얘기를 들으면 원이가 자신의 출생 때문에 이성과 거리를 두는 것 같아서 신경 쓰였다. 녀석이 '책임'이라는 말을 자주 했던 것으로 보아 누군가를 책임진다는 것에 두려움이 있는 듯했다. 자기를 낳아 버린 사람들처럼 무책임한 인간이 되는 건 아닐까 스스로 의심하는 것처럼 보이기도 했다. 그런 녀석을 보고 있으면 내 마음도 덩달아 무거워졌다.

원이는 썸 타는 순간이 가장 설레고 재미있다고 했다. 물론 나도 일부 동의하는 바였지만, 때론 싸우고 서로 맞추려 노력하는 과정이 있어야 둘의 관계도 성장할 수 있다고 했다. 라면이 맛있다고 주식主食으로 하면 건강을 망치듯, 썸만 타겠다는 건 자극적이고 즉흥적인 감정만 취하겠다는 것이어서 정신건강에 안 좋다고, 감정마저 편식하려 들지 말라고 충고했다.

원이는 1월생이다(정확히는 발견된 달이 1월이다). 요즘 애들은 생일 주간도 모자라 월간 생일을 챙기는지 녀석은 1월 내내 밖에 나가 놀았다. 한번은 여사친이 원이 생일이라고 소고기를 20만 원어치나 사줬다고 했다. 저녁 한 끼에 20여만 원을 쓰는 건 직장인인 나도 쉽지 않은 일이라 여자아이가 원이에게 호감이 있는 게 아닐까 생각했다. 고기 얻어먹은 걸 자랑하는 녀석에게 상대방 감정을 이용해 썸 타는 척하며 얻어먹는 짓은 하지 말라고 주의를 줬다. 그러자 원이는 "제가 그렇게 인간쓰레기는 아니에요."라며 억울해했다. 녀석의 반응이 웃겼다.

또 얼마 후에 녀석은 자기가 보육원 출신이라는 걸 한 아이에게 고백했다고 했다. 아무리 친한 친구에게도 고아라는 걸 밝힌 적 없던 녀석이라 어떤 아이인지 궁금했는데, 역시나 원이에게 소고기를 사준 여자아이였다. 코로나 시기에 일자리를 주선해 준 것도 그 아이였다. 녀석을 놀리고 싶어서 잇몸이 근질근질했지만, 괜히 재미 삼아 찔러보면 안 될 것 같아 가만히 지켜보기로 했다.

꽤 자주 녀석의 방에서 나긋나긋한 말소리와 웃음소리가 새어 나왔다. 요새 누구랑 그렇게 통화하느냐고 물으면 또 그 아이였다. 부모 때문에 속상하다고 울더란다. 대학에 합격했지만 무능력한 부모 탓에 바로 휴학하고 아르바이트를 세 개나 하고 있다고 했다. 어린 동생들 걱정에 독립도 못 하고 아르바이트로 번 돈을 생활비에 보태는, 사실상 소녀가장이었다. 그런 아이한테 소고기를 그렇게 많이 얻어먹었냐며 원이를 나무랐다. 그리고 이제부터 네가 열심히 아르바이트해서 많이 사주라고 했다. '그 아이를 지켜줘라'고 표현하고 싶었지만, 완곡하게 '네가 많이 사줘라'로 바꾼 것이었다. 원이는 자기가 밥을 사줘도 그 아이가 토스toss로 밥값을 송금해 버려서 소용없다고 했다. 자신도 경제적으로 힘든 상황인데 신세 지지 않으려는 모습이 가상하게 여겨졌다.

몇 개월 뒤, 1박 2일 일정으로 서산 갈 일이 있었다. 원이에게는 서산에서 하루 자고 다음 날 밤에 올 거라고 했다. 그런데 코로나 때문에 교통편이 줄어 예정보다 일찍 부산으로 돌아왔다. 오후 4시쯤 집에 도착했는데 소파에 패딩이 펼쳐져 있었다. 옷을 옷걸이에 걸라고 그렇게 말했건만 내가 잠시 집을 비웠다고 곧바로 느슨해지는 녀석이라니. 살짝 화가 나서 간만에 잔소리 좀 해볼까 하는데 방에서 원이가 나왔다. 웃고 있는데 당황한 기색이 역력한 묘한 표정이었다. 지가 잘못한 건 아는구나 싶어 손가락으로 패딩을 가리키려는 찰나에 잠옷 차림의 여자아이 하나가 쪼르르 달려 나왔다. 앞머리에 헤어롤을 말고 있었다. 원이 등 뒤에 숨어 "안녕하세요, 죄송합니다."하고는 패딩을 챙겨 방으로 쪼르르 들어갔다. 녀석에게 소고기를 사줬다던 여자 친구였다.

언젠가 이런 일을 마주할지도 모른다고 어렴풋이 상상했지만 그게 오늘일 줄은 몰랐다. 게다가 실전 상황이 되니 당황해서 몸이 굳는 느낌이었다. 그럼에도 의연하게 대처해야 할 것 같아서 미용실 예약해 둔 걸 깜빡했다고 말하고는 허둥지둥 집에서 나왔다. 아, 이게 얼마만의 발연기던가. 녀석의 중학교 졸업식 날 로봇처럼 웃던 연기를 선보인 후로 두 번째였다. 터벅터벅 미용실로 가다가 일주일 전에 이발한 것을 깨닫고 아무 카페에 들어가 시간을 때웠다. 가만히 앉아 생각해 보니 내 행동이 너무 우스꽝스러웠던 것 같아서 얼굴이 화끈거렸다. 아들 친구가 집에 놀러 오면 뭐라도 챙겨 먹이고 말이라도 걸어줘야 녀석들이 불편하지 않을 텐데, 당황한 나머지 귀신 본 표정을 하고 나왔으니 아이들은 얼마나 죄책감을 느낄까 싶었다. 그렇다고 다시 들어가 친한 척하는 것도 이상해서 원이에게 5만 원을 송금해 주고 여자 친구 밥 먹여서 보내라고 했다. 그리고 얼마간 카페에 앉아 이런저런 상상을 했다.

이 녀석들이 대학 졸업하고 직장 잡을 때까지 예쁘게 사귄다면 나는 50대에 할아버지가 될 수도 있겠지. 늦둥이 딸 같은 손녀를 안고 동네 골목을 누비는 상상을 하며 혼자 즐거워하는데 원이로부터 메시지가 왔다. 여자 친구를 데려다주고 저녁에 들어오겠다고 했다. 나는 녀석의 메시지를 읽고 집이 빈 것을 확인한 후에 귀가할 수 있었다.

여덟 시쯤 원이가 들어왔다. 이제 녀석과 중요한 문제를 이야기해야 했다. 소파에 나란히 앉았는데 원이를 처음 만난 날보다 백 배쯤 더 어색한 기운이 감돌았다. 나는 녀석에게 네 마음을 이해한다는, 아주 상투적인 말로 이야기를 시작했다. 성인 남녀가 연애하면 같이 있고 싶은 건 당연한 거니 잘못한 것도 부끄러울 일도 아니라고 했다. 함께 여행도 다니고 공부도 하면서 많은 추억을 쌓되, 피임만은 철저히 하라고 강조했다. 여성의 주기와 말(?)을 믿지 말고 여자 친구에게 떠넘기지도 말고, 남자가 챙겨야 하는 게 피임기구라고도 했다. 둘 다 앞날 이 창창한데 책임지지 못할 실수는 저지르지도 말라고 했다. 그런 실수로 네가 태어난 걸지도 모르고 그 때문에 네가 얼마 나 상처받으며 살았는지 너는 잘 알지 않느냐고. 그들과 똑같 은 실수를 해서 네가 겪은 고통을 대물림하지 말라고 했다. 그 리고 그게 여자 친구를 지켜주는 길임도 상기시켰다. 녀석의 폐부를 찌르는 말이 있었음에도 진원이는 담담하게 받아들였 고 주의하겠다고 했다.

대화가 끝나자 적막이 감돌았다. 뭔가 철학적인 이야기로 마 무리하고 싶었는데 자꾸 웃음이 났다. 뭐랄까. 번데기 앞에서 주름잡은 느낌이었달까. 결혼도 안 하고 아이도 없는 내가 알 거 다 아는(?) 녀석을 붙잡고 사랑이니 책임감을 운운하며 훈 수 두는 게 맞는 건가 싶었다. 또 대화 중에 튀어나왔던 '실수 로 네가 태어난 걸지도 모른다'는 말이 내내 마음에 걸렸다. 녀 석은 그 말을 덤덤하게 인정했지만, 너무 덤덤하게 받아들여서 추측을 사실로 만든 것 같아 녀석에게 미안했다.

가라앉은 분위기를 전환하려고, 삼촌은 오랫동안 솔로인데 너는 잘도 연애하고 다녔냐며 한 수 가르쳐달라는 농담으로 녀석의 기분을 살폈다. 원이는 거만하게 웃으며 이런 건 가르쳐준다고 되는 게 아니라고 받아쳤다. 녀석의 평범한 연애마저 기쁨으로 다가오는 걸 보니 우리가 진짜로 가족이 되었음을 느꼈다.

지키고 싶은 게 생기면 인간은 강해진다. 불과 몇 개월 전만 해도 녀석은 자신의 출생 때문에 새로운 이성을 만나는 걸 두려워했다. 그 두려움을 스스로 허물었다는 건 지키고 싶은 사람이 생겼음을 의미할 터. 보호받는 데 익숙한 녀석도 누군가를 지켜야 하는 책임감이 어떤 의미인지 깨닫기를 기대해 본다.

나는 너와 함께 자란다

원이가 고등학교 3학년 때 복싱을 배우고 싶다기에 운동 하나 제대로 배우는 것도 좋다고 생각해서 도장을 알아보면 학원비를 주겠다고 했다. 그런데 걱정스러운 마음도 있어서 너 복싱 배우고 나서 누가 너한테 시비 걸면 어떻게 할 거냐고 물었더니 "가만히 안 돼야죠."라는 대답이 돌아왔다. 네가 운동을 배우는 목적이 누구랑 싸워서 이기려는 거라면 안 배우는 것만 못하다고 혼냈다. 그리고 태권도, 유도 등에서 '도道'는 정신을 상징하는 표현으로 몸뿐만 아니라 마음도 다스리는 거라고 설명했다. 운동을 제대로 배운 사람들은 자기 몸이 무기인 걸 알기에 오히려 함부로 몸을 쓰지 않는다고, 어설프게 운동 좀 배웠다고 나대다가 삼촌 회사(법원)에서 조우할 수가 있다고 경고했다.

원이가 고등학교에 입학하고 학교생활은 어떤지 괴롭히는 사람은 없는지 물은 적이 있다. 그랬더니 "저를 괴롭힐 수 있는 사람은 없을걸요."라며 여유를 부렸다. 원이가 운동을 좋아하고 덩치도 커져서 맞고 다닐 일은 없겠다는 생각에 안도했지만 오히려 누구를 때릴까 봐 걱정이었다. 그래서 자기보다 약한 사람을 괴롭히는 건 양아치나 하는 짓이라고 강조했다. 약육강식의 원리로 살아간다면 짐승과 다를 바가 없다고. 인간은 짐승과 달리 약육강식의 원리를 넘어서 약자를 보호한다고. 고아나 장애인도 보호하고 경제적 약자들을 위해 복지제도를 만들며, 우리와 다른 종인 북극곰을 위해서 환경도 생각하는 게 인간이라고 설명하며 인간답게 살 것을 여러 번 강조했다.

스무 살이 되자 녀석은 열심히 술을 마시러 다녔다. 술을 마셨다는데 멀쩡히 들어와서 얼마나 마셨냐고 물으면 혼자서 소주 두 병 이상을 먹었단다. 내가 놀란 표정을 지으니 친구 중에 자기가 주량이 가장 세다고 자랑했다. 필름 끊기는 게 어떤 건지 궁금하다고 거들먹거리기도 했다. 그래서 필름이 끊기면 자기가 무슨 짓을 할지 모르고, 무슨 짓을 하고도 기억 못 하는 게 더 소름 끼치므로 그런 건 궁금해하지 않아도 된다고 했다.

하루는 원이와 강변을 산책하는데 반대편에서 할아버지 두 분이 산책로를 넓게 막고 걸어오고 있었다. 그분들을 피해서 걷자고 하니 원이가 어르신들에 대한 적대감을 노골적으로 드러냈다. 그래서 이런 사소한 일에도 분노를 주체하지 못하면 술에 취해 필름이 끊겼을 때 더 큰 화가 폭발해서 사고 치는 거라고, 그러니 사소한 일에 분노하지 않도록 평소에도 훈련하라고 타일렀다. 그러자 녀석은 그렇게 참으면 남들이 호구로 본다고 반박했다.

자라온 환경 탓인지 원이의 마음엔 세상을 향한 분노가 잠재된 것 같았다. 그걸 상대방에게 표출하지는 않았지만 나는 원이와 대화할 때 녀석 안에 잠재된 분노를 느낀 적이 많았다. 그래서 술을 마시고 통제력을 상실했을 때 그것이 폭발하지 않도록 평소에 잘 타이르고 훈련 시켜야 했다. 아주 사소한 일로 폭발해 한순간에 나락으로 떨어지는 사례를 법정에서 많이 봐왔으니까.

사람의 인격은 단조로운 일상이나 행복한 순간에 드러나지 않는다. 이해관계가 첨예하게 얽힌 상황에 놓였을 때, 술에 취했거나 모욕당했을 때 드러난다.

원이에게 인간다움을 강조하며 성인군자처럼 굴던 내게 이성의 끈을 놓을 뻔한 사건이 일어났다. 병가 기간에 집 근처에서 지인을 만난 적이 있었다. 코로나로 갈 만한 곳이 없어서 편의점 앞 간이테이블에 앉아 대화를 나누는데 지나가던 취객이 편의점 앞에 멈춰 서서 담배를 피우며 침을 뱉기 시작했다. 저녁 7시가 조금 넘은 시간, 20대 초반의 청년 둘이 이미 만취해서 비틀대는 것도 한심한데 그들의 행동이 내 신경을 건드렸다. 코로나가 창궐하던 시기에 마스크도 안 쓰고 대화하는 것도 모자라 담배를 피우며 침까지 뱉다니. 게다가 사람이 앉아 있는 걸 뻔히 보고도. 자연스럽게 눈길이 갔고 쳐다봤다는 이유로 욕을 들었다. 그들은 취했고 지인도 옆에 있으니 처음엔 좋은 말로 타일러봤지만 그럴수록 무례함의 수위가 올라갔다. 참으면 호구 잡힌다던 원이의 말이 떠올라서 이 녀석이 맞는 말을 할 때도 있구나 싶었다. 무엇보다 내 건강이 염려되어 찾아와준 지인까지 조롱당하자 속된 말로 눈이 돌았다. 참다 참다 싸움이 붙어 청년의 머리를 테이블에 찍어버리는 끔찍한 상상까지 했다. 그때 내 안에도 폭력성이 있다는 걸 확인하고 꽤 놀랐다.

화가 뻗치는 와중에 떠오른 건 원이였다. 분노 다스리는 훈련을 하라고 신신당부 해놓고 이 화를 참지 못하면, 원이를 가르칠 자격은 물론 녀석을 볼 면목도 없을 것 같았다. 괜한 기싸움이나 자존심 따위는 버리고 바로 자리를 털고 일어났다. 이미 술에 취한 사람을 상대했다가 피해를 봐도 문제였고 피해를 주면 더 큰 문제였다. 무엇보다 평소 원이에게 했던 말이 모두 위선이 되었을 거다.

집으로 돌아오며 그날만큼은 도망치는 게 부끄럽지 않다고 느껴졌다. 오히려 자존심 세우고 센 척하며 내 밑바닥을 드러냈다면 부끄러웠을 것이다. 원이를 가르친다고만 생각했는데 녀석 덕분에 나도 성장하고 있음을 배운다.

읍참마속

　원이와 약속했던 시간이 다가오고 있었다. 나는 녀석에게 분가해서 살 집을 슬슬 알아보라고 했다. 원이 상황을 고려했을 때, 예전에 알아봤던 LH 보호종료아동 전세임대주택을 얻는 게 가장 좋은 방법이었다. 녀석 생각도 나와 같았다. 그런데 막상 집을 구하려니 말 그대로 '그럴듯한 정책'에 불과해서 방 구하기가 하늘의 별 따기보다 어려웠다. 부동산에 물어보니 LH를 통한 보호종료아동 전세로 임차할 수 있는 집이 제한적이었다. 집을 담보로 잡았을 때 대출의 안정성 때문에 LH의 심사도 필요하고, 집주인들이 보호종료아동이란 단어에 거부감을 느껴 반기지 않는 눈치였다. 그들의 마음도 어느 정도 이해는 됐다. 나는 원이와 함께 인터넷과 부동산을 뒤져 집을 알아봤는데, 조건이 괜찮다 싶으면 다 허위 매물이었다. 이런 상황이 몇 번 반복되니 원이가 직접 발로 뛰어야겠다며 집을 구하러 돌아다녔다. 그러고는 몇 주 뒤에 용케도 적당한 집을 구해왔다.

원이가 메시지로 보내준 계약 체결 안내문을 보고서야 곧 다가올 이별이 실감 났다. 이제 원이는 나와의 동거를 마무리하고 진짜 독립을 시작할 터였다. 나 역시 그동안 팔자에도 없던 감시자이자 잔소리꾼 역할에서 벗어날 수 있다고 생각하니 '시원섭섭하다'는 형태 없는 말을 실감했다.

이사를 몇 주 앞두고 녀석에게 통장 내역을 확인해 보자고 했다. 원이가 보육원에서 퇴소했을 무렵 디딤씨앗통장에 매달 50만 원씩 저축하라는 얘기를 한 뒤로 돈에 대한 잔소리는 하지 않았다. 녀석의 프라이버시라고 생각했고 저축하겠다는 약속을 지킬 거라고 믿었기 때문이었다. 특히 디딤씨앗통장만은 깨지 않기로 약속했기에 통장 잔고나 사용내역을 물은 적도 확인해 본 적도 없었다. 그러나 이제 녀석을 통제할 감시자가 없어지니 그 전에 점검해 보고 필요하다면 쓴소리도 해줘야 했다.

출근 전에 원이를 불러 오늘 은행에 가서 통장정리를 해 가져오라고 했다. 네가 보여주기 싫으면 안 해도 된다고 선택지를 열어뒀다. 그건 진심이었다. 내 입에서 '통장' 소리가 나오자 녀석이 눈에 띄게 당황하며 이제 혼자 살면 가계부도 꼬박꼬박 쓸 테니 걱정 안 해도 된다고 했다. 통장정리를 말하는데 뜬금없이 가계부 얘기를 하니 느낌이 싸했다. 더군다나 가계부를 쓰네 마네를 두고 신경전을 벌이다가 결국엔 내가 포기한 전적까지 있지 않은가. 그때도 안 썼던 가계부를 갑자기 쓴다는 게 오히려 찜찜해서 물었다.

"가계부를 왜 쓰려고?"

"제가 과소비를 하는지 안 하는지 보려고요."

"갑자기?"

"이제 아르바이트도 할 거라서 따로 통장도 만들고 저축도 하려고 생각하고 있어요."

녀석이 자꾸 말을 돌리는 게 수상했지만 당사자가 싫다는데 강제할 방법은 없었다. 그렇게 상황이 일단락되는 듯했다.

그런데 얼마 후 원이가 전세보증금 중 자기부담금 100만 원을 빌려달라고 했다. 확실히 이상했다. 원이는 보육원에서 나올 때 3,000만 원가량의 돈이 있었다. 그중 디딤씨앗통장에 든 2,000만 원은 손대지 않기로 했으니 이를 제외하더라도 용돈

통장에 1,000만 원가량이 있었다. 라식수술 하는 데 200만 원을 썼고, 친구들과 술값 내기를 하다가 두 달 만에 400만 원을 썼다고 해도 300~400만 원의 잔고가 있어야 했다. 중간에 다른 지출이 있었다고 해도 간간이 아르바이트해서 번 돈도 있다. 식비와 공과금 등 생활비 전부도 내가 부담했고, 독립할 때 이사 비용도 내가 내주기로 했다. 그런데 보증금 중 자기부담금 100만 원이 없어서 나에게 빌려달라는 게 이상했다. 게다가 녀석은 앞뒤 설명 없이 100만 원만 빌려달라는 말로 내 신경을 긁었다. 나는 원이가 상황 설명을 해주길 기다렸다. 그래서 대답을 미루고 며칠을 지켜봤다.

며칠 동안 답을 안 해주자 녀석이 디딤씨앗통장을 깰 수 있는지 알아보겠다고 했다. 그건 안 될 말이다. 디딤씨앗통장은 녀석의 미래를 위한 최소한의 안전장치였다. 그래서 전세보증금을 빌려줄 테니 통장내역을 가져오라고 했다. 이번에는 나도 물러설 생각이 없었다. 그제야 녀석이 그동안 디딤씨앗통장에 저축하지 않았음을 이실직고했다. 그래도 몇 달은 했다는 둥 핑계가 길어지기에 잔말 말고 통장 정리 후 사진을 찍어서 보내라고 했다.

녀석이 보내온 사진엔 입금액과 잔액만 보일 뿐 언제부터 저축을 안 했는지 나타나지 않았다. 그래서 날짜도 볼 수 있게 다시 찍어서 보내라고 했다. 그렇게 원이의 디딤씨앗통장을 처음 봤는데, 1년 중 단 6개월만 저축한 걸 확인할 수 있었다. 아이러니한 건 내가 통영에 있을 땐 녀석이 일주일 내내 배달 음식을 먹느라 식비를 많이 쓸 때였는데 그 기간에는 꼬박꼬박 저축을 했다. 그런데 내가 부산으로 복귀하여 녀석의 생활비가 덜 들 무렵부터 오히려 저축을 안 한 것도 확인했다.

그러니까, 녀석의 용돈 통장 잔고는 이미 바닥난 지 오래였고 한 달에 85만 원씩 나오는 돈도 남김없이 박박 긁어 썼던 것이었다. 그나마 디딤씨앗통장은 해지가 까다로워서 녀석이 손댈 수 없었던 거였다. 저축할 돈을 어디에 썼냐고 물으니 친구들과 노는 데 썼다고 했다. 피가 식는다는 게 이런 느낌일까. 잔고를 떠나서 녀석이 그동안 나를 속였다는 게 실망스러웠다.

한참을 침묵할 수밖에 없었다. 침묵하지 않으면 버럭버럭 소리치며 녀석에게 화를 낼 것만 같았다. 얼마쯤 지났을까. 나는 원이에게 솔직한 심정을 털어놨다.

"이걸 어떻게 해석해야 할지 모르겠어. 나는 너를 돕고 싶었고 실제로 돕는다고 생각했는데, 오히려 악영향을 끼치고 있었던 것 같아."

"그게 아니고 그냥 제가 먹고 싶은 게 너무 많았어요. 죄송합니다."

녀석은 단지 먹고 싶은 게 많았다고 해명했다. 그래, 운동도 좋아하고 체구도 건장했으니 먹는 양도 많았던 건 사실이다. 아무리 그래도 수개월 동안 한 달 식비로 130만 원가량을(정부 지원금 85만 원과 가끔 아르바이트 대타를 뛰어서 40~50만 원의 수입이 있었을 것으로 추정된다) 썼다는 게 이해되지 않았다. 제아무리 먹는 걸 좋아한다고 해도 지출을 줄일 방법은 얼마든지 있었다. 5분만 걸으면 재래시장과 마트가 있어서 다양한 음식을 저렴하게 먹을 수 있는데도 녀석은 습관적으로 배달 앱을 켰다. 배달료가 얼마나 나오든 신경 쓰지도 않았다. 내가 통영에서 근무할 때는 녀석이 끼니라도 거를까 봐 햄버거나 치킨 기프티콘을 보내줬는데 그런 건 쓰지도 않다가 사용기간을 놓쳐 무용지물이 된 적도 많았다. 백번 양보해서 허한 마음을 달래려고 음식에 집착했을 거라 이해해 보려 해도 이해되지 않았다. 이해는커녕 불안하기까지 했다. 식욕 하나 절제 못 할 정도로 통제력이 없다면 알코올 중독이나 도박중독에 빠지지 않을 거란 보장은 어디 있겠는가.

평소 같았으면 잔소리를 늘어놓았겠지만 그날은 아무 말도 하고 싶지 않았다. 녀석이 내 말을 귀담아듣지 않는다는 게 증명됐으니 조언이든 잔소리든 할 필요가 없다고 느꼈다.

보증금 100만 원은 그냥 줄 수도 있었지만 그래선 안 될 것 같았다. 돈을 입금해 주며 3개월 안에 갚으라고 했다. 그리고 살다가 모르는 게 있으면 언제든 알려주겠지만 물질적인 지원은 더 이상 안 하겠다고 선언했다. 그러니 이제부터 마음 단단히 먹고 살라고 경고했다. 원이도 이제 정신 차리고 살겠다며 죄송하다고 했다.

얼마 전엔 원이가 여자 친구와 결혼하는 상상을 했다. 내가 혼주석에 앉기엔 너무 젊지 않나, 그래도 아버지, 시아버지가 젊으면 녀석들이 더 좋아하려나… 희망회로를 돌렸더랬다. 한 술 더 떠서 늦둥이 딸 같은 손녀를 안고 동네를 산책하는 상상도 했는데 이게 뭐란 말인가. 불과 얼마 전까지 명랑 가족드라마를 꿈꿨는데 지금은 제갈량이 오열하며 마속을 참수시키는 꼴이었다.

나는 그날부로 진원이를 완전히 독립시켰다. 혼자 세상에 나와 외롭게 산 녀석이 또 버림받았다고 생각할까 봐 마음이 찢어질 듯 아팠지만 나도 읍참마속 하는 심정이었다. 그러고 나서 보름 후에 원이가 100만 원을 갚겠다고 연락을 해왔다. 벌써 돈이 생긴 게 수상해서 아르바이트라도 하는 건지 물었다. 녀석은 장학금 받은 것에 이번 달 정부지원금을 보탰다고 했다. 사실이 아닐 거라 생각했지만 더 캐묻고 싶지 않았다.

그렇게 농담 한마디 없이 건조하게 전화를 끊었다. 원이는 내가 화가 난 것이 무서웠는지, 아니면 또다시 버림받았다는 생각에 서러웠는지, 그 후로 연락이 오지 않았다. 나 역시 녀석이 걱정됐으나 먼저 연락하면 또 나에게 의지하게 될까 봐, 무소식이 희소식이라고 생각하며 원이에게 진정한 자립의 시간을 주기로 했다.

기다림의 명절

원이는 3월에 내 집에서 독립했다. 그리고 1년 반이 지나도
록 아무 연락이 없었다. 독립하기 한 달 전 설날에는 재우와 우
리 집에 와서 내 부모님께 인사드리고 세뱃돈도 받아 갔다. 녀
석과 함께 보낸 몇 번의 명절이 꽤 강렬했는지 나는 명절이 다
가오면 은근히 녀석의 연락을 기다리게 됐다. 그런데 한 번의
추석과 설이 지날 때까지 원이는 감감무소식이었다. 혹시나 연
락을 놓칠까 봐 핸드폰을 손에 쥐고 살았지만 달라질 건 없었
다. 그렇게 연휴를 보내고 일상으로 복귀했는데 원이가 생활했
던 보육원에서 연락이 왔다. 정확히는 부재중 전화가 두 통이

나 와있었다. 덜컥 겁이 났다.

후원자가 보육원에 전화하는 경우는 있어도 보육원에서 후원자에게 먼저 연락하는 일은 거의 없다고 봐도 된다. 그런 중에 부재중 전화가 와 있으니 오만가지 생각이 머릿속을 어지럽혔다. 혹시나 녀석이 그동안 연락을 안 한 게 아니라 신변에 문제가 생겨 못 한 건 아니었을까. 갑자기 심장이 뛰었다. 바로 보육원에 전화를 걸었다. 복지사 선생님이 전화를 받았는데 본인이 건 게 아니라서 전화를 한 이유를 모르고 있었다. 그러면서 나에게 원이 안부를 물었다. 녀석의 안부를 모르기는 나도 마찬가지였지만 사실대로 말하면 보육원에도 걱정할 것 같아 적당히 둘러댔다. 아무튼 전화는 보육원 원장님이 한 것이었고, 명절 인사 겸 안부 전화였을 뿐 특별한 의미는 없었다. 전화를 끊고 가슴을 쓸어내렸다. 식은땀 나는 상황을 겪으니 자존심이고 뭐고 없었다. 원이가 연락을 안 하면 내가 하면 그만인데 그게 뭐 어려운 일이라고 1년이 넘도록 자존심을 세웠을까. 어른답지 못했음을 반성하며 어른답게 먼저 전화를 해보기로 했다.

녀석은 오늘 아침에 집에서 본 사람처럼 태연하게 전화를 받았다. 너무 자연스러워서 나도 태연하게 주말에 밥이나 먹자고 했다. 그랬더니 녀석이 이번 주말엔 아르바이트 때문에 시간이 없다며 다음 주에 만나자고 했다. 아르바이트로 생활비 버는 걸 확인하고 우선 안심했다. 그렇게 한 주를 더 미뤄 1년 반 만에 원이를 만났다.

표정이 밝아서 일단 안심이었고 몸도 더 건장해진 듯했다. 같이 부대찌개를 먹고 커피숍에 갔다. 그간 왜 연락을 안 했는지 물었더니 독립한 후 사회적 거리두기가 완화돼서 학교도 가고 아르바이트도 하고 연애도 하느라 정신없었다고 했다. 여자친구와 잘 만나는지 물었더니 집에서 마주쳤던 아이와는 헤어졌고 다른 친구를 사귄다고 했다. 역시나 그 분야에서는 나보다 월등히 뛰어난 녀석이었다. 심지어 1년 반 동안 여자 친구가 두 번 바뀌었다고 하니 여러모로 바쁘긴 했겠다.

휴학 없이 학교에 다녀서 어느새 졸업도 하고, 주 5일 하루 일곱 시간씩 아르바이트하고 헬스장에서 매일 한 시간 반씩 운동도 하는 건전한 취준생으로 살고 있었다. 주식이나 코인 같은 건 자기 성격에 안 맞는다며 소득 삼분의 일은 저축한다고 했다. 사회복지사도 전문대 졸업자보다는 4년제 대학을 나와야 더 대접받는다며, 더 좋은 직장을 잡고 싶어서 4년제 대학으로 편입도 고려하는 중이라고 했다.

나는 적금도 좋지만 무리하지 않는 선에서 여유자금을 펀드에 적금처럼 넣어두면 나중에 크게 불릴 수 있다고 펀드 투자를 추천했다. 녀석이 관심을 보이는 것 같아서 한 달쯤 지나 펀드에 가입했는지 물어봤더니 안 그래도 궁금해서 물어보려 했는데 시간이 안 났다며, 펀드 가입 방법을 물었다. 곁에 있다면 무슨 어플을 깔고 뭘 누르는지 알려줬겠지만, 메시지로 설명하는 게 쉽지 않았다. 그래서 시간 날 때 주거래 은행에 가서 도움 받는 게 나을 거라고 했다. 설명을 듣고 바로 가입하지 말고 충분히 생각해 보고 온라인으로 가입할 수 있다고도 했다. 그랬더니 녀석이 마침 은행갈 일이 있었는데 그때 설명을 들어봐야겠다며 고맙다고 했다.

다시 보름쯤 지나서 펀드 가입은 했는지 물었는데 답이 없었다. 같이 살 때도 카톡을 읽고 답을 안 한 적도 있고, 내 앞에선 태연한 척했지만 독립 직전에 있었던 일로 마음이 닫혀 일부러 피하는 걸지도 모른다고 추측했다. 그동안 펀드를 핑계로 녀석과 대화할 명분을 만들었는데 답이 없으니 이젠 또 무슨 핑계로 연락을 하나 싶었다. 그래도 내게서 독립한 후 삶이 망가지지 않은 걸 확인해서 안심했다.

다만 한 가지 후유증은 남았다. 매년 명절이 되면 녀석의 연락을 기다리게 된다. 자녀를 독립시키고 명절만 되면 연락을 기다리고 찾아오길 바라는 부모의 마음을 알게 됐다. 1년에 두 번, 나는 기다림의 명절을 보내게 됐다.

그 후의 이야기

예샤의 독립 신고

똑똑하고 진취적이었던 예샤는 어느덧 성인이 되어 나로부터 독립했다. 예샤가 여덟 살 때 처음 인연을 맺어 12년간 후원했으니 결코 짧은 시간은 아니리라. 우리는 1년에 서너 통씩 편지를 주고받았는데 녀석은 공부하는 걸 좋아했고 수학을 잘했으며 그림도 제법 잘 그렸다. 승부욕도 있어서 각종 상을 놓치지 않겠다는 포부를 편지에 실어 보내곤 했다. 편지를 읽다 보면 단꿈 같은 미래가 저절로 상상됐다. 예샤는 흰 가운을 입고 의술을 펼치기도 했고, 필리핀 대통령이 되어 국가 원수 자격으로 한국에 방문하기도 했다. 어떤 날은 NGO 활동가가 되어 이름 모를 빈민가에 학교를 세우고 우물도 팠다. 예샤는 원대한 꿈을 가진 아이였고 꿈을 꾸는 데서 그치지 않고 노력까지 하는, 후원하는 보람이 있는 딸이었다.

똑똑한 자녀를 둔 부모의 마음이 이럴까? 나는 예샤의 열정과 재능이 욕심나는 동시에 불안했다. 이토록 진취적인 아이가 현실의 벽에 부딪혀 꿈을 포기할까 봐 조바심이 생겼다. 그래서 계속 꿈을 잃지 않고 성적까지 유지한다면 한국에 데려와서 대학을 보내는 게 어떨까, 진지하게 고민했다. 실제로 이런 고민을 후원단체에 전달했으나 단칼에 거절당했다. 거기까지는 자신들의 사업영역이 아니라는 것이었다. 그러면 후원이 종료된 후 직접 아이를 지원할 수 있게 해 달랬더니 이 역시 거절당했다. 한마디로 아이가 성인이 되는 순간 후원은 종료되며, 연락을 할 수도 도움을 줄 방법도 없다는 것이었다. 후원단체의 방침이 그렇다니 어쩔 수 없었다.

1년에 서너 통씩 주고받던 편지는 코로나19가 전 세계를 덮치며 단절되다시피 했다. 방역 등의 문제로 국가 간에 사람과 물류 이동이 제한되며 편지 역시 주고받을 수 없게 됐다. 코로나도 코로나였지만 그 시기에 나는 매우 바빴고 불운한 사건까지 겪으며 심신이 피폐해진 상태였다. 내 코가 석 자다 보니 예사로부터 오랫동안 편지가 오지 않았다는 것을 잊고 살았다. 그러던 어느 날, 다른 때보다 긴 내용이 적힌 편지가 도착했다.

마지막 인사가 담긴 편지에는 12년이라는 시간이 축약되어 있었다. 학용품을 받아서 기뻤던 날, 식료품을 살 수 있어서 안심했던 날, 영리하다는 말을 들어서 우쭐했던 날, 내가 보낸 해운대 사진엽서를 보고 한국을 상상했던 날 등, 모든 순간을 기억하고 있으며 감사했고 행복했으며 건강하길 바란다는 내용이었다. 또 훌륭한 의사가 되기 위해 끝까지 노력할 거라는 다짐도 적혀있었다.

코로나로 단절된 시기에 아이는 쑥 자라서 성인이 되어버렸다. 첫딸이 어른이 되어 독립한다는데 기뻐야 했지만 기쁘지 않았다. 10년 이상 애정을 갖고 후원한 아이였는데 만나보기는커녕 이제는 연락조차 못 한다니 해외 아동 결연후원의 한계가 체감됐다.

편지를 받고도 예샤에게 답장하지 못했다. 이 기회를 통해 닿지 않을 메시지를 전하고 싶다. 잘 자라줘서 고맙다고. 너로 인해 진원이를 만났다고. 이 또한 고맙다고. 원하는 꿈 꼭 이룰 수 있기를 먼 곳에서나마 응원하겠다고. 항상 행복하라고.

대학에 간 재우

빵집에 취직했던 재우는 걱정했던 대로 매번 지각을 하다가 결국 해고됐다. 일찍 일어나야 할 이유가 없어진 녀석은 밤마다 술을 마시고 친구를 숙소로 불러서 아동복지협회의 규칙을 어겼다. 결국 월세 없이 2년 동안 생활할 수 있는 곳에서 퇴소가 예정되어 방을 구하러 다녔다. 한번은 자기도 원이와 함께 내 집에서 살면 안 되냐고 묻기에 단칼에 거절했다. 놀러 왔다가 하루 이틀 자고 가는 건 몰라도 남자 셋이 생활하기엔 공간도 좁았고, 무엇보다 내가 통영에서 근무하며 주말에만 부산에 올 때여서 두 녀석을 붙여 놓으면 무절제하게 생활하면서 서로에게 안 좋은 영향만 줄 것이 불 보듯 뻔했다.

한동안 연락이 뜸했던 녀석은 전문대 제과제빵과에 진학했다는 의외의 소식을 전해왔다. 원이의 대학 생활을 보며 뭔가 깨달은 바가 있어서 진학을 선택한 줄 알았는데 다른 꿍꿍이가 있었다.

재우는 꽤 자주 원이를 부러워했다. 정확히는 원이가 매달 지원받는 기초생활수급자 생계급여 55만 원을 부러워했다. 같은 보육원에 살다가 같이 퇴소했는데 빵집에 취직한 재우는 소득이 있으니 자립수당 30만 원만 지원받았고, 원이는 소득이 없어서 자립수당 30만 원에 생계급여 55만 원을 더해 85만 원을 지원받았다. 한마디로 일 안하고 노는 원이가 55만 원이나 더 받으니 재우로서는 부당하다고 느꼈을지도 모르겠다. 게다가 원이는 나와 살며 생활비 등을 내지 않았기에 85만 원을 전부 용돈으로 쓸 수 있었다. 일도 안 하는데 지원금은 더 많이 받는 데다 후원자의 도움으로 베짱이처럼 지내는 원이를 보며 재우는 무슨 생각을 했을까.

재우가 대학에 간 이유가 생계급여를 받기 위함이었다는 걸 알게 된 나는 말로 표현할 수 없는 실망감에 휩싸였다. 진원이도 55만 원의 달콤함에 취해 일자리 구할 생각을 안 하더니 재우마저도 똑같은 선택으로 실망감을 안겨줬다. 게다가 재우는 어렸을 때부터 명확한 꿈이 있었다. 제빵사가 되겠다고 이미 오래전에 자격증까지 딴 녀석이 눈먼 돈에 눈이 멀어 경력을 쌓을 수 있는 황금 같은 시간을 허비하기로 작정한 것이었다.

아이들의 선택을 지켜보며 보호종료아동을 위한 생계비 지원금의 부작용을 절감했다. 기댈 곳 없는 아이들이 홀로 설 때 필요한 지원이라고 (한때) 생각했지만, 이런 식으로 노동의지를 상실하게 만들 줄은 꿈에도 몰랐다. 설상가상 이런 사례가 보육원 아이들 사이에서 '꿀팁'으로 전수된다면 이보다 더 절망적인 일도 없을 것이다.

재우와 원이가 보육원을 퇴소한 지 2년여가 흐른 현재, 보호종료아동 자립수당은 30만 원에서 50만 원으로, 생계급여는 55만 원가량에서 70만 원가량으로 확대됐다. 즉 요즘 보호종료아동들은 일을 안 해야 한 달에 130만 원가량을 지원받을 수 있다. 2024년 최저시급을 기준으로 했을 때 하루 6시간씩 20일 동안 일해야 벌 수 있는 돈을 일을 안 해야 받을 수 있다니 참으로 아이러니한 정책이다. 오히려 자립준비청년들의 자립심을 꺾는 사업이 아닌가, 의문을 품게 된다.

실패의 기록, 남주

원이에게 나 말고 또 다른 가족을 만들어주려던 계획은 실패로 돌아갔다. 원이가 남주를 동생 삼겠다고 한 다음 달부터 남주의 디딤씨앗통장에 후원금을 적립해 줬고, 원이와 외출할 때 함께 데리고 다니며 친분을 쌓으려고 노력했다. 한번은 열차를 타고 부산 외곽에 갈 일이 있었는데 그날 남주에게 열차 타는 방법과 정차역을 자세히 설명해 줬다.

남주는 중학교 1학년이었음에도 워낙 작고 까맣고 말라서 초등학생처럼 보이기도 했다. '어린이'라는 느낌이 남아있어서인지 원래 살던 동네를 찾아가는 방법을 모를 것 같았다. 그곳에는 어릴 때부터 남주를 키워준 할머니와 초등학교 친구들이 있었다. 당장은 아니더라도 남주가 조금 더 자라서 할머니나 옛 친구를 만나고 싶어 할 때, 스스로 찾아가는 법을 알려주는 게 목적이었다. 녀석이 귀담아듣는 것 같았으나 내 의도까지 알았을지는 모르겠다.

지금 생각해 보면 원이에게 형제를 만들어주려던 계획은 내 욕심이었을지도 모르겠다. 원이가 먼저 요구한 것도 아니었고, 내가 닦달하니 퇴소를 겨우 몇 달 앞두고 부랴부랴(?) 찾아낸 아이가 남주였다. 원이 입장에서는 자기가 책임져야 할 동생이 생긴 것으로 인식해 부담감을 느꼈던 건지 남주를 향한 애정이 그리 오래 가진 않았다.

내게 남주를 소개해 줄 땐 꽤 예뻐하는 듯했으나 보육원 퇴소 후 나와 동거를 시작하고 자기만의 생활이 바빠지자 남주를 챙기는 횟수가 확연히 줄었다. 나 또한 원이에게 잔소리를 퍼붓던 시기여서 남주는 잘 챙기고 있느냐는 말까지는 차마 못 했다. 게다가 녀석이 원했던 게 아닌 내가 추진해서 만들어진 의형제였기에 말을 보탤 입장이 아니었다. 그렇게 남주와의 관계도 서서히 멀어지다가 종국에는 디딤씨앗통장 후원도 중단했다.

결론적으로 죄 없는 남주가 불똥을 맞은 격인데, 원이를 포함한 다수의 보호종료아동들이 퇴소 후 디딤씨앗통장부터 깨서 쇼핑이나 유흥비로 탕진하는 걸 보고 엄청난 회의감이 들었다. 나는 보육원 아이들이 자립할 돈이 없는 게 가장 큰 걸림돌이라고 생각해 왔는데 진원이를 보며 내 생각이 잘못됐음을 깨달았다. 돈의 가치나 돈을 쓸 줄 모르는 아이가 많은 돈을 가지고 있는 게 더 큰 문제였다. 큰돈은 아이들의 자립을 돕는 동시에 자립 의지를 꺾는 양날의 검이었다. 그 대상이 누구든 내 후원금이 자립에 부정적인 영향을 미친다면 더 지속할 이유가 없었다.

후원금이라는 연결고리로 지속되던 관계마저 끊어지며 남주에게는 마음의 빚이 남았다.

성경이와 성영이

원이가 퇴소하자 보육원에 갈 일이 없어졌다. 내가 보육원에 드나들었던 이유는 후원 아동이었던 원이를 만나기 위해서였고 녀석과 외출할 때 재우와 성경, 성영이를 함께 챙긴 것이었는데 원이가 퇴소했으니 자연스럽게 발길도 끊겼던 것.

성경이 남매를 정식으로 후원하진 않았어도 그동안 쌓은 추억이 뭐라고 아이들이 보고 싶을 때가 있었다. 한 번쯤 찾아가 보는 것도 어려운 일은 아니었지만 일부러 가지 않았다. 지속해서 후원할 게 아니라면 괜한 기대감을 심어주는 행동도 삼가야 했다.

그리고 나

그즈음 나는 후원이나 기부에 대한 동력을 상실한 상태였다. 명랑 가족드라마 같은 엔딩을 꿈꿨으나 현실은 참혹했고, 긴 시간 공들여왔던 것들의 실패를 인정하니 무기력해졌던 것. 그간의 노력이 아이들에게 긍정적인 영향을 미치거나 도움 된 부분도 분명히 있었겠지만, 가장 큰 프로젝트(?)였던 원이에게 실망감을 느끼자 모든 후원을 유지할 수가 없었다.

남주의 디딤씨앗통장 후원을 중단하고 성경이 남매도 찾아가지 않았지만 장인이 운영하는 보육원의 아동 후원은 지속했다. 또 후원을 끊으면 당장 밥을 굶어야 할지도 모르는 해외결연 아동과 백혈병어린이재단 같은, 도움이 꼭 필요한 곳을 제외하고는 기부나 후원을 중단했다.

무엇보다 남을 돕는데도 공부가 필요하다는 걸 절실히 깨닫고 대학원에 진학해 사회복지학을 공부하면 어떨까 고민 중이다. 이 고민을 행동으로 옮긴다면 추후에는 가정법원으로 자리를 옮겨 가사·소년 재판부 업무나 가사조사관을 해볼 수도 있겠지.

동력을 잃었을 뿐 포기한 건 아니기에 앞으로도 꾸준히 탄생할 나의 기출 변형 가족을 기대해 본다.

우리는 답을 찾을 것이다

모든 것은 장발장으로부터 시작됐다.

예샤를 시작으로 진원이를 만나고 17명의 아이를 후원하고 책까지 쓰고 있는 이 모든 상황의 시발점엔 법정에 선 장발장이 있었다. 나는 그를 보며 '웅크린 청년에게 필요했던 건, 빵이 아닌 가족일지도 모른다'고 생각했다. 그렇게 시작된 아동결연 후원은 다양한 형태로 변형된 가족의 모습을 갖추어갔다. 예샤에게 나는 너그러운 이방인 아저씨였고, 성경이에게는 아재개그를 남발하는 선생님이었으며, 남주는 나를 명절에 가끔 만나는 사촌 형쯤으로 대했고, 재우에게 나는 꼬장꼬장한 삼촌이었으며, 진원이에게는 이 모든 캐릭터가 결합된 멋진(?) 양아버지였다. 피가 섞이지 않았을 뿐 어디에나 있을 법한 가족의 모습이니 우리 역시 한 가족이라 말할 수 있다. 이른바 기출 변형 가족의 탄생이라고나 할까.

나름 실험정신을 가지고 시작한 이 프로젝트는 과도기를 거치는 중이므로 성패를 논하기엔 아직 이르다. 아이들을 후원하며 제도의 문제점을 알게 되고 후원자들의 검은 마음과 아이들의 이중성을 마주할 때면 이 난관을 어떻게 헤쳐 나가야 할지 우왕좌왕하게 된다. 그럼에도 개인의 불행 요소를 제거하면 더 건강한 사회가 될 거라고 믿기에 나는 언제나 답을 구하려고 노력한다.

그러나 나의 노력은 종종 '쓸데없는 짓'으로 치부되곤 한다. 너 하나 애쓴다고 세상이 바뀌지 않는다는 말, 관종이어서 저런다는 조롱, 줄어드는 통장 잔고를 체감하면서도 포기할 수 없었던 이유는 역시나 아이들이었다. 맞다. 나 하나 노력한다고 세상이 바뀌진 않을 것이다. 하지만 아직 모른다. 꿈을 향해 달리고 있을 예샤가, 평범한 청년으로 자란 진원이가, 성실한 학생으로 지내는 성경이와 남주가 세상을 바꿀지도 모를 일이니. 나 하나로 인해 어느 날 갑자기 천지개벽이 일어나지는 않겠지만 내가 세상을 바꾸는 단초가 될 수 있음을 항상 기억한다.

나의 신념이 통째로 부정당한 것 같아 절망했던 어떤 날에는 멀티버스 세계에서 내 가족만 최고로 여기는 이기적인 나를 상상했다. 그 세계에서 나는 어떤 아이도 돕지 않는다. 나는 회식을 마치고 취한 채로 내 아내와 아이가 먹을 치킨을 사 들고 비틀거리며 골목을 걷고 있다. 그때 세상에서 버림받아 분노한 누군가가 내 머리를 둔기로 내리치고 쓰러진 내 몸을 뒤져 지갑을 훔쳐 간다. 나는 아득해지는 정신을 겨우 붙잡고 나를 폭행한 이를 쳐다본다. 20대 초반, 178센티미터에 80킬로그램 정도의 청년이 눈에 들어온다. 피부가 뽀얗고 잘생겼다. 김진원, 멀티버스 세계에서 그와 나는 삼촌과 조카가 아니다. 피해자와 가해자, 자기 가족만 생각하는 사람과 그런 사람들로 가득 찬 세상에 분노한 청년이 있을 뿐이다.

나는 누군가를 돕는 일이야말로 내 가족을 지킬 수 있는 방법이라고 생각한다. 버림받은 아이가 사람들의 무관심 속에서 분노를 먹고 자라 해를 끼쳤을 때, 그 옆에 있는 사람이 나 또는 내 가족이 될지 누가 알겠는가. 아이들의 고통을 외면한 대가는 언젠가 누군가 반드시 돌려받을 것이다.

나는 모든 아이가 평범하게 자라 사회의 구성원이 되길 바란다. 많은 어른이 보호아동들의 삼촌이자 이모이자 친구이자 조언자가 되어주길 희망한다. 그렇게 많은 기출 변형 가족이 탄생하길 바란다.

2024년 겨울
이회